JN409341

봄에게 말을 걸다

봄에게 말을 걸다

신종례 수필집

■ 책문을 열며

책을 다림질했다. 아끼는 작가의 신간 서적이 나의 부주의로 그만 종이가 젖었다. 놀란 가슴에 서둘러 다리미로 젖은 부분을 한 장 한 장 꼼꼼히 다렸다. 덕분에 책은 겨우 제 모습을 찾았다. 가슴을 쓸어내린다. 송구한 마음으로 다시 책을 읽는다.

아주 오랫동안 글의 비가 내리기를 꿈꾸어 보았다. 그러나 그 길은 내가 걸어보기에는 너무도 멀게만 느껴졌다. 생각이 단어가 되고, 한 줄 문장이 되고 기억의 저편에서 아주 가끔씩 얼굴을 보이기도 했다. 그렇지만 그것이 모양을 갖추고 생명을 갖기에는 너무도 여린 싹이었다. 그리고 나의 시간의 호수에서 글들은 오래도록 잠기어 있었다. 글의 문을 열어가고 담금질을 하여 조금씩 수줍은 모습을 보이기를 여러 해, 이제 겨우 한 권의 책으로 빚어본다.

이곳저곳을 넘나들며 보았던 것들과 만난 사람들, 길을 걷다가 내게로 다가와 말을 거는 것들, 익숙하지 않은 뜰에서 부딪치며 배워가는 것들, 때로는 기억의 강에서 건져 올린 한 편의 낡은 사진 같은 단편들, 여전히 내게로 다가오는 자연의 많은 이야기가 있었다. 서툰 글을 지으며 둔탁한 손바느질을 하는 것만 같았다. 어쩌다 나의 삶으로 오래 빚어 보리떡 같은 글이 되었다. 펼쳐서 세상에 내어보기에는 부족하여 부끄럽지만 처음 빚은 보리떡을 작은 접시에 올려본다.

오랫동안 부산에서 살았다. 나에게는 유목민의 피가 흐르는지 이사를 셀 수도 없이 많이 했다. 그리고 부산에서 다시 서울로 돌아왔지만 일 년 만에 중앙아시아의 먼 나라 키르기스스탄으로 가서 잠시 살았다. 이제 다시 한국 땅으로 돌아왔지만 나는 아직도 여전히 유목민을 닮은 삶이 계속되고 있다.

어디서나 봄은 아름답다. 찬란하다. 생명이 움트며 역동적인 기운이 모든 곳에서 일어난다. 봄이 오면 사람들은 늘 또다시 새로운 날을 꿈꾸고 일어선다. 우리나라의 봄은 정겹고 아름답다. 아기자기한 봄의 향연이 벌어지면 사람들은 들로 산으로 나들이를 나간다. 봄의 열기가 그렇게 힘을 만들어 간다.

키르기스스탄의 봄도 정말로 아름답다. 중앙아시아의 스위스라고 부른다. 나 역시 충분히 그렇다고 생각한다. 하얀 만년설을 배경으로 피어난 빨간 양귀비의 끝없는 군락은 고혹적이다. 지평선을 덮어버린 찬란한 붉은 양귀비의 자태 앞에서 그대로 숨이 멎을 것만 같았다.

봄에게 말을 건다.
봄이 나에게 말을 한다.
나의 어여쁜 자여, 나와 함께 일어나 가자.
꿈을 꾸게 하자. 모두 춤추게 하자.
나의 어여쁜 자여, 어서 일어나자. 나와 함께 일어나 다시 춤추게 하자.

여기까지 오도록 묵묵히 응원의 박수를 보내주던 사랑하는 가족들에게 감사를 보낸다. 기도와 격려는 부끄러움을 이겨내는 큰 힘이 되었다. 그리고 봄으로 우리에게 온 지혜로운 진아, 씩씩하고 멋진 형모, 별처럼 해맑은 유안에게 깊은 사랑을 보낸다. 글의 길을 열어 주시는 주님께 무한한 감사를 올린다.

2019년 가을
지은이 신종례

차
례

2부

봄에게 말을 걸다

3부

어떤 그림, 어떤 시

4부 그 길에 마음을 담다

1부

동백을 줍다

그, 섬

남도로 향한다. 어떤 만남이 한 여름 남해로 나를 불렀다. 서울에서 출발하여 항구 녹동에 도착하니 아직 어두움이 짙은 새벽이다. 하루 한 번만 출항한다는 배를 어린아이처럼 기다렸다. 이번 여행은 거문도가 고향인 남편 제자의 고향을 방문하는 일정이다. 게다가 제자의 노모가 생애 마지막이 될지도 모르는 동행을 하신다.

참 각별한 만남이다. 세월이 유수와 같아서 발랄하던 대학 시절부터 보았던 그들도 이제는 생의 여정 가운데 어느새 모두 밑가지가 되어간다. 학창 시절 그 푸릇하던 젊음들이 정갈한 기억으로 남아 있다.

빠듯한 용돈으로 애써 외롭고 고단한 이들을 찾아보려고 고민하던 청년들이었다. 그들은 홀로 지내는 어른들을 달마다 찾아뵙고 손을 잡아드리는 마음 따뜻한 섬김을 오래도록 이어나갔다. 그런 삶을 살아내려고 서로를 붙들었기에 인생의 후반전에도 여전히 소중하고 애틋하게 바라보는 것이다.

거문도는 다도해 해상국립공원이다. 서도, 동도, 고도로 이루어져 있는데 고도만을 거문도라 부른다. 옛 이름은 삼도, 삼산도, 거마도로 불렀다. 섬은 지리적 조건 탓으로 열방의 침략을 자주 받았다. 러시아의 침공을 막아준다는 명목으로 1885년(고종 22년)부터 2년 동안 영국에게 점령을 당하고 해밀턴 항구라는 생경한 이름으로 불리기도 했다. 지금도 해밀턴호텔이 보이는 이유는 그러한 역사의 흔적이다.

이곳은 청나라의 북양수사 정여창이 영국군의 불법점령을 항의하러 왔다가 이 고장 사람들의 문장이 하도 해박하다고 '큰 글이 있는 섬', 거문巨文이라 하였으니 예사롭지 않다. 이 섬을 밟았던 영국군 가운데 생명을 잃은 아홉 명의 묘지가 섬을 지킨다. 가족과 나라를 떠나 멀고 먼 조선 땅에서 이름도 없는 짧은 생을 마친 병사들의 묘비가 쓸쓸하다. 그들의 눈에 낯설게 비쳤던 이 땅의 필부들이 빛바랜 모습으로 여행자를 바라본다. 시간들의 흔적들이 오롯이 사진 속에 배어있다.

바다로 나갔다. 끝없는 수평선을 향하여 얼마를 나아갔을까. 짙푸른 바다로부터 거대한 기암절벽의 요새가 솟아올라 장엄하고 기묘한 빛을 발하고 있다. 한국의 7대 비경 중 하나다. 하얗게 빛을 내는 절벽 위에 온갖 희귀새들이 터를 잡고, 40여 종류의 진귀한 식물들이 거친 바람과 태양 아래 생명의 뿌리를 내렸다. 깊이를 알 수 없는 바다 속에는 붉은 산호초가 사철 춤을 춘다. 섬 전체가 자연의 보고寶庫이다. 마치 성벽으로 둘러싸인 신비로움으로 백도라고 부르기도 하고, 아흔아홉 개의 봉우리여서 '百'에서 획 하나를 빼고 白島라 부르기도 한다.

거문도는 특별히 청정 쑥과 갈치가 유명하다. 마침 '한국의 맛'이라는 TV프로에서 거문도의 갈치 요리가 전국으로 소개되었다. 산란을 위해 거문도로 오는 여름이 가장 영양이 풍부하고 맛이 있기로 천하에 이름이 났다. 어찌 때를 놓치랴….

이른 새벽 어시장으로 나갔다. 생기가 돈다. 밤새 낚시를 한 갈치가 배에 잔뜩 안겨 들어온다. 만선의 배도 그렇거니와 밀고 당기는 경매도 진풍경이다. 눈이 파란 바다 물빛을 한 갈치로 구이와, 조림, 회까지 만들어 왕의 식탁을 받는다.

거문도 등댓길을 걸었다. 짙은 해무가 소리 없이 올라오고 있었다. 해안길은 수억만 년의 바다 이야기를 들려주고 있다. 바다는 달빛이 밤마다 외딴 섬을 찾아왔는지 봄, 여름, 가을, 겨울을 수억만 년의 시간 동안 어떻게 어루만지고 돌보았는지를 기억한다. 소리도 사라지고 시간도 흐르지 않는 듯 고요하다. 길고 어두운 섬의 역사와 시대를 따라 휘몰아치던 격랑의 흔적조차도 모두 덮어버렸다.

태고의 신비로움 속에 동백의 꽃불이 타올랐던 길을 따라 등대로 올랐다. 망망대해에서는 종종 예측할 수 없는 파도가 생명을 위협한다. 저항할 수 없는 죽음의 공포 속에서 길을 안내하는 한 줄기 빛은 얼마나 고마운 길잡이가 되었을까. 수월산 등대는 한 세기가 넘도록 홀로 바다를 지키고 있다. 나의 삶도 저 등대처럼 작은 빛을 비추며 살 수 있다면, 생명을 다하도록, 닳아지도록 빛을 내어 한 사람이라도 지킬 수 있다면 좋겠다.

다음 날 새벽 바다낚시에 도전했다. 싱싱한 새우를 낚싯줄에 끼워 무거운 납덩이와 함께 바닷속으로 달아 내리는 것이 전부다. 그리고 선창가에 앉아 태양이 떠오르는 한없이 고요한 바다를 바라본다. 무릉도원이 따로 없다. 이곳 섬마을 사람들에게 욕심은 아름다운 일이 아니었다. 날마다 바다로 나가 일용할 양식을 얻는 것이 그들에게 주어진 축복이기 때문이다. 양식이란 한 날 먹을 만큼만 있으면 족한 것이다. 욕심과 이기심만 다스린다면 세상 어느 곳인들 어찌 행복하지 않으랴.

거문도 그 섬이 행복하다.

나무 액자

겨울을 보내며 봄맞이 대청소를 해 본다. 무심하게 늘어놓은 잡동사니들과 평소에 손이 닿지 않던 후미진 구석까지 쓸고 닦는다. 오늘 하루만이라도 잡지에서 보았던 화보처럼 흉내를 낸다고 두 팔을 걷는다. 눈에 보이는 것들은 감추고 정리를 하지만 나의 묵은 살림의 상태가 며칠이나 갈지 장담은 못하겠다.

햇살이 집안으로 깊숙하게 들어온다. 그동안 함께 살아온 먼지들이 빛 앞에서 춤을 춘다. 빛의 파장 앞에서 드러나지 않을 티끌이 없고 혹여 마음을 비추기 시작한다면 포장하고 감추어놓은 의혹과 허물도 이렇게 적나라하게 다 드러날 것 같다.

사람이 살아가기 위해서는 많은 것들이 필요하기는 하다. 그러나 꼭 그런 것만도 아니다. 끊임없이 마음의 빈자리를 채우려는 듯 물건을 사들이는 현대인의 심리는 고도의 마케팅 기법 앞에서 언제나 맥을 못 춘다. 없어도 별 문제될 것도 없는 물건들을 재워놓고 정작 필요할 때는 어디에 두었는지 모르고 허둥댄다.

삶의 흔적들은 언젠가 반드시 정리할 날이 온다. 버려야 하는 것이 어찌 물건뿐이겠는가. 몸에 지니고 다니는 안경이나 지갑은 물론이고 사람을 존엄하게 해주는 의복과 날마다 삶의 필요를 채워주는 소중한 것들, 그리고 마침내 존재 자체도 잊혀버릴 그날이 온다. 그날이 오면 내가 아닌 누군가의 손을 빌리게 될 것이다. 그렇게 생각하면 오래도록 만져보지도 않은 것들은 이제 모두 보내버리자고 말하지만 또다시 슬그머니 아직은 때가 아니라고 협상을 한다.

오늘은 드디어 손이 가지 않던 물건들과 입지 않는 옷가지들을 과감히 정리하기로 했다. 주섬주섬 주워 담은 것이 여러 바구니가 되었다. 나는 그동안 버리기를 주저하던 것들에 대해 마음을 깨끗하게 비우기로 했다. 쓰레기장으로 내려가서 분리수거를 모두 마친 후 버리는 의식을 마치고 손을 털었다. 묵은 체증이 쑥 내려간 듯 속이 후련하였다. 다시는 짐을 늘리지 말자고 마음으로 맹세한다.

분리수거장은 한때 누군가와 삶을 나누던 물건들이 있었다. 처음에는 새것이었고 아낌을 받았던 것들이다. 이제는 수명을 다하여 귀중하지 않아 버려진 물건들이다. 그을고 때 묻은 찌그러진 주전자, 누군가의 목마름을 풀어주었을 음료수 캔들과 알록달록 고운 플라스틱 그릇들, 어린 학생들이 써내려간 노트와 사랑받았던 장난감, 오래된 책들도 버려져 있다.

뒷마당은 고요하였다. 나뭇가지들만 소리 없이 꽃망울을 터트리는 중이다. 그때 나무 액자 하나가 나의 눈에 들어왔다. 누군가 싫증이 나서 버린 액자였다. 아직 상태가 좋아보였다. 단단한 나무에 홈을 파고 색을 덧입혀 한글로 정성스럽게 쓴 글들이 아름답게 보였다.

> '내가 반드시 너에게 복 주고 복 주며 너를 번성하게 하고 번성하게 하리라.'

신약성경 히브리서 6:14절의 말씀이다. 이미 수십 번 읽어왔고 익히 들어 온 말씀이건만 오늘따라 새롭게 느껴진다. 나무 액자를 한참 들여다보던 나는 손을 내밀어 목판을 들어올렸다. 나뭇결이 그대로 담겨있는 갈색도 좋고 묵직한 나무의 느낌이 좋다. 두 손으로 먼지를 털어낸 후 집으로 보물처럼 안고 들여왔다. 물걸레로 앞, 뒤 현판을 조심조심 닦고 손 세정제를 묻혀 뽀드득거리도록 씻었다. 마른 헝겊으로 문질러 물기를 닦고 마르기를 기다렸다. 얼마나 문질렀던지 나무판이 다 희끗거렸다.

서랍에서 오래된 들기름을 꺼내 하얀 천에 묻히고 요리조리 광을 내었다. 윤기를 내어보니 세월을 아로새긴 듯 제법 중후하게 보였다. 한나절 말끔히 치워놓은 집안을 둘러보다가 안방에서 그림 하나를 냉큼 떼어냈다. 침대 맞은편 벽에 걸었다. 나무 액자는 오래전부터 그곳에 있었던 것 같았다.

동서양을 막론하고 모든 이들이 끝없이 추구하는 복이 무엇일까를 생각한다. 복福이란 유한한 인생이 살아가는 동안 끝없이 소망할 수밖에 없는 것이다. 유학儒學의 서경書經에서는 인생들이 행복하기 위해서 갖추는 것을 다섯 가지로 정의하여 장수長壽하는 것, 부유한 삶을 영위하는 것, 우환이 없는 강녕康寧과 유호덕攸好德이며, 天命을 다하는 고종명考終命을 말하고 있다. 인생으로서 꼭 누리기를 고대하는 정의가 아닐 수 없다.

그러나 예수께서는 참된 복이란 심령이 가난하고 애통하는 자가 위로를 받는 것이라고 했다. 의義에 주리고 목마른 자와 긍휼히 여기는 자가 긍휼히 여김을 받는 것이 복이라고 했다. 화평하게 하는 자가 하나님의 아들이라고 인정을 받는 것과 의를 위하여 박해를 받는 자가 복이 있으며, 온유한 자가 땅을 기업으로 받는 것이라고 한다. 예수로 말미암아 고난을 받은 자들이 복이 있다고 말하였다. 내가 얼마나 많이 소유하고 좋은 것들을 얼마나 많이 누리는 것과는 다르다.

오늘 내가 찾아낸 말씀은 하나님께서 믿음의 조상 아브라함이 불확실한 내일을 향해 나가며 외로운 밤을 지나던 어느 날 빈 들에서 받은 말씀이다. 글을 읽고 다시 읽을수록 마음이 든든해진다. 마치 내게 약속하시는 것처럼….

나는 오늘 나무 액자를 주웠다. 새 물건은 아니지만 반복해서 읽을수록 더 마음에 든다. 세상의 것들로 끝없이 채우고 싶은 나의 삶에 진정한 가치는 무엇일까. 나는 오늘 버림과 비움을 연습하려고 했다. 그러나 아직도 여전히 채움을 갈구하며 글을 안고 들어온 것은 아닌지 모르겠다. 하얀 벽에서 글이 나를 바라본다.

마음이 조심스럽다.

내가 수원을 찾는 이유

아파트 정문이 활짝 열렸다. 성벽이 뚫린 것 같다. 천여 세대가 살고 있는 회색빛 수원성 아파트에서 열리는 목요 장날이다. 오늘 아침은 분위기가 다른 날과 사뭇 다르다. 새벽부터 물건을 가득 실은 차량을 진두지휘하는 상인들이 성을 탈환한 군사들처럼 보인다. 평소에 엄격하던 경비원들까지 모두 자기편으로 만들었다. 아침 기온이 영하 10도를 밑돌아 코로 들이마시는 숨은 살얼음으로 달라붙는다. 사람들 입에서도 하얀 김이 뿜어난다. 그러나 이 정도 추위 따위는 문제가 되지 않는 것 같다.

상인들은 주민들과 눈만 마주치면 속사포처럼 인사를 했다. 그 목소리는 한 옥타브쯤은 높아 잔뜩 힘이 느껴진다. 삶의 현장 속에서 젊은 그들의 눈빛은 바다에서 막 건져 올린 싱싱한 생선처럼 보인다. 길목을 일단 접수한 그들이 주민들보다 더 당당해 백전백승의 용사가 따로 없다.

수원 아들 집을 다니러 간 동안 오랜만에 만나는 진풍경이다. 아파트 단지의 기다란 도로에 몽골 벌판의 게르를 닮은 비닐집들이 섰다. 아는 이도 없어 심심하던 차에 그 비닐집을 들러보기로 했다. 빨강, 노랑, 파랑색 지퍼를 대어놓은 탓에 빨갛고 노랗고 파란 움집이 되었다. 재미가 제법 쏠쏠하다.

대형마트에 비하여도 별 손색이 없다. 색색의 비닐하우스는 동화 속 나라로 들어가는 문처럼 보인다. 그 앞에서 아이들도 어른들도 모두 얼굴이 환해진다. 깊숙이 들어가 보니 여린 채소들은 물론, 약이 된다는 남해의 노지 시금치며 봄을 부르는 냉이와 계절과 상관없는 딸기와 열대 과일도 풍성하다.

음식 만드는 것이 서툰 사람이라도 한 주일은 거뜬하게 버티도록 각종 밑반찬이 먹음직스럽게 준비되어 누군가의 손길을 기다린다.

가마솥만 한 튀김 냄비에서는 고추와 고구마, 오징어가 튀겨지며 고소한 냄새가 코를 자극한다. 모든 세대에게 사랑받는 떡볶이와 피자도 화려한 모양과 냄새로 발을 잡는다.

세상이 바뀌니 음식도 다국적이다. 한 세대가 지나가는 길에 있는 나로서는 이름도 모양도 생소한 것들이 많다. 그래도 족발과 순대는 장터의 단골 메뉴가 아닌가. 몇 걸음을 가니 고만고만한 손바닥만 한 아기 옷들과 미시족들에게 어울리는 센스 있는 옷들도 옹기종기 걸려있다. 게다가 형광등에 수도꼭지 등 그야말로 만물상이다.

예로부터 오일장은 우리나라 고유의 장터였다. 그날은 온 동네 사람들이 나와서 함께 소통하는 날이었다. 장날에는 텃밭에서 기른 먹거리들과 소박한 살림살이도 보인다. 집에서 만든 된장, 고추장, 묵은 김치와, 호박죽과 인절미도 이고지고 장날을 찾아다녔다. 꼬깃거리는 푼돈이 허리춤에 쌓이면 몇 십릿길을 걸어 집으로 가는 길도 결코 힘들지 않았을 것이다. 뜨끈한 국수 한 그릇, 막걸리 한 사발로 팍팍한 목을 축이는 것은 장날에 만나는 호사다. 왠지 삶이 힘겹게 느껴지거나 머리가 복잡해지면 나는 종종 장터를 찾는다.

열정과 정감이 어우러진 역동적인 모습을 보고 있노라면 스멀스멀 살맛이 되살아난다.

우리나라에는 유명한 오일장이 남아있다. 모란장, 정선장과 부산의 오시게장과 구포장도 있다. 조영남이 노래하던 화개장터도 여행 중에 들러보았다. 사람 냄새 나는 곳, 구수하고 투박한 언어들이 어우러지는 곳이다. 그 고장의 특산물도 볼 수 있어서 낯선 곳에 가는 기회가 되면 장터는 방앗간을 찾듯 둘러보게 된다.

요즘은 대형마트의 위력에 재래시장이 점점 힘을 잃는 것 같다. 대부분 핵가족이지만 쇼핑카트는 산더미처럼 물건을 담고 카드 한 장이면 계산도 끝난다. 기계처럼 정확하고 빠르고 획일적이다. 거대한 매장에서 종업원 만나기도 어렵다.

미래 학자들은 말한다. 이제껏 사람들이 하던 일들 가운데 많은 일을 기계들이 처리할 것이며 과학의 힘으로 만든 로봇들이 생각도 하고 기사를 쓰고 친구도 된다고 한다. 위험하고 힘든 것을 인간을 대신하여 해결하고 불평도 없다. 과학의 발전 속도는 상상을 초월하여 앞으로 다가올 미래의 세상은 과연 얼마나 변할지 모르겠다. 점점 사람이 설 곳이 없어지는 것은 아닐까.

현대화의 편리함 속에서도 재래시장은 남아있어야 한다. 그곳은 정감과 애환을 느끼는 사람들의 이야기가 생생하게 계속되기 때문이다. 말만 잘하면 덤이 하나 더 따라오고 밀고 당기며 값을 흥정하며 실랑이하는 것도 재미다. 얼굴을 맞대고 뜨거운 국밥 한 사발 먹고 어우러지는 장터가 서민들 곁에 남아 있기를 바라고 싶다.

아이들이 살아가는 수원의 시멘트 성벽 안이 사람 사는 맛이 난다. 처음 만난 나를 향해 언니, 이모, 엄니라고 불러대는 상인들의 호칭이 밉지 않다. 콩, 보리, 귀리 등 농산물로 만든 시리얼 앞에 섰더니 "정말 맛있어요. 배가 불러서 못 먹을 때까지 드셔도 됩니다."라고 입담 좋은 추임새를 팍팍 외친다. 이런 넉넉하고 훈훈한 소리에 몇 봉지를 샀다.

내가 수원을 찾는 이유는 물론 사랑하는 아이들을 만나보는 기쁨 때문이다.

그런데 수원에 가고 싶은 이유가 하나 더 생긴 것 같다.

앵무새와 고양이

뜰 안이 수상하다. 온종일 바라보아도 인기척이라고는 보이지 않던 곳에 연둣빛 고운 새 두 마리가 날아들었다. 앙상한 나뭇가지 위에 앉아 작고 보드라운 목덜미로 무언가를 열심히 쪼아댄다. 봄눈이 트는 망울을 맛보는 것인지 지난 가을 햇살이 조금쯤은 묻어있는 열매로 아침을 여는지 바지런하다. 마른나무 줄기 끝자락에 앉아 따사로운 털옷을 입고 아침햇살 아래서 망중한忙中閑을 즐기고 있다.

때때로 손바닥보다 더 작은 새들이 거친 바람을 뚫고 하늘을 날아오른다. 지치지 않는 날갯짓으로 창공을 넘나들며 드넓은 세상을 자유로이 다니는 모습은 늘 경이롭다. 자유를 동경하게 만드는 그들의 비상飛上은 땅에 발을 딛고 사는 모든 것들의 영원한 로망일 것이다. 오늘 아침 그들이 그 가뿐함으로 다가왔다.

그때 검은 고양이 한 마리가 그들을 보았다. 땅을 종횡무진 누비며 호기심 많은 녀석이 이 한 쌍의 앵무새를 보고 가만히 있을 리가 없다. 이제껏 평생을 살아오며 자신의 먹잇감이 되었던 어느 것보다도 아름답고 탐스러웠을 게다. 보드랍고 깜찍스러운 그것을 단 한 마리만이라도 손안에 낚아챘다는 것은 어떤 값을 치르는 한이 있더라도 도전해 볼만 한 일이었을 테다.

고양이의 007 작전이 시작되었다. 가지 끝에 앉은 앵무새를 향하여 조심스럽게 다가서기 위해 녀석은 몸을 잠시 웅크리더니 날렵하게 담장 위로 뛰어 올라섰다. 그리고 목을 한껏 젖히고 나무 끝의 목표물을 향하여 살금살금 소리 없는 그림자처럼 접근했다. 어떻게 해서든지 살아있는 앵무새를 가로채보고자 하는 갈망에 조심스레 앞발을 나뭇가지 위로 뻗어본다. 요리조리 발을 돌려보지만 뻗었던 앞발을 빈 나뭇가지에 내어딛지는 못했다. 앞발을 뻗어 다음 동작을 해보나 애를 쓰다가는 힘에 부쳐 내려놓고, 또다시 허공으로 발을 내밀어 보나 헛발질의 연속일 뿐이다.

고요한 아침 공기는 작은 움직임까지도 메아리로 전달하는지 바스락 소리에 놀란 새들은 더 높은 곳으로 자리를 옮긴다. 그러니 더욱 몸이 달아 애를 쓰고 있는 고양이의 엉큼한 그 모습은 양상군자梁上君子가 따로 없다. 갖은 묘기를 부려보나 허망한 현실에서 녀석은 어릿광대의 몸짓처럼 우스꽝스럽기만 하다.

그것이 전부였다. 아무리 갈망으로 인해 몸이 달았어도 헛발질로 세월을 보낼 뿐 더 이상은 한 치의 전진도 할 수 없어 보이는 것이 이 엉큼한 고양이의 현실이었다. 잎 새 한 점 남지 않은 가지는 샛바람에도 흔들릴 듯 앙상하다. 결코 고양이의 묵직한 몸을 받쳐 줄 여유는 없었다. 그러니 나뭇가지 끝자락에 바람처럼 앉아있는 하늘을 나는 새를 사냥몰이 하겠다는 것은 언감생심焉敢生心인 것이다.

한편 앵무새 부부는 자신들을 향한 음흉한 계략은 아랑곳도 하지 않고 햇살을 받아 빛나는 고요한 아침을 마냥 즐기고 있다. 어쩌면 높은 곳에 앉아 있는 새들은 애초에 땅을 누비는 저 시커먼 고양이의 간계奸計쯤은 한눈에 다 파악하고 있었는지도 모른다. 기는 놈

위에 나는 놈이라는 말도 있지 않은가. 창공을 날며 유유자적悠悠自適하는 처지에 게다가 사람의 말도 몇 마디쯤은 따라 할 지능을 가진 그들이 아닌가. 처음부터 이 일은 승산이 없는 일이었을 것 같다.

얼마나 시간이 지났을까. 연신 헛발질만 해대던 검은 고양이는 결국 나무를 내려왔다. 마치 이솝우화에서 여우가 말하던 것처럼 "저것은 신 포도야…." "그러나 참 아깝기는 하네."라고 말하는 듯 연신 꼬리를 빙글빙글 능청스레 돌리며.

앵무새도 떠났다. 다시 뜨락은 아무 일도 없었다는 듯이 고요해졌다. 봄을 기다리는 천리향의 꽃망울들이 셀 수도 없이 꽃봉오리를 맺은 채 겨울담 밑에 기대어 있다. 이끼 낀 벽돌 틈 사이에도 앙증맞은 풀포기도 살짝 작은 얼굴을 비친다.

세상을 살다 보면 인생살이에도 이런 일들은 비일비재非一非再하다. 자신의 분수를 모른 채 눈앞에 보이는 헛된 욕망에 눈이 어두워 시간과 물질과 때로는 전 인생을 쏟아붓고 후회하며 파멸하는 야누스의 얼굴들이 있다. 손에 잡을 수 없는 야망과 헛된 꿈들이 자신의 욕망을 채우도록 부채질을 했어도 도道에 넘는 것인 줄 알고 그쯤에서 포기한 능청스러운 검은 고양이를 칭찬하고 싶다.

칼국수

한 동료의 이야기가 생각난다. 신혼 초 시댁에서 살림도 익숙하지 못한 저녁 준비는 큰 고민이었다. 시어머니께서 첫날부터 "우리 국수나 삶아 먹자."고 말씀을 하셨다고 했다.

그 일은 하루, 이틀, 사흘, 그리고 한 주일동안이나 이어졌다. 혹여나 오늘은 밥을 먹을까 기다리던 그녀가 실망하고 닭똥 같은 눈물을 뚝뚝 흘리자 놀란 시어머니께서 서둘러 밥 짓기를 허락하셨다고 한다. 유별나게 밀가루 음식을 좋아하는 식구들로 인한 일이다. 나도 그 정도는 아니지만 밀가루 음식을 좋아한다. 특히 칼국수의 투박하고 쫄깃하고 구수한 맛을 좋아한다.

부산으로 내려간 후 첫 아이를 가졌을 때다. 심한 입덧 때문에 도통 음식을 먹을 수 없었다. 친정은 천리 먼 길에 있고 남편도 늦은 밤에나 돌아오니 딱히 도움 받을 곳도 없었다. 그때 가장 먹고 싶던 음식은 명동칼국수다. 진하게 끓여낸 닭 국물에 칼칼한 생김치를 척 올려서 땀이 송송 나도록 불며 즐겨먹던 맛이다. 칼국수 한 그릇의 허기는 낯선 타향에서 끝내 채워지지 않았다.

요즘 어쩌다 마음에 드는 칼국숫집 하나를 찾았다. 코끝이 시린 겨울날이었다. 마침 환자를 돌보고 사무실로 돌아오는 길이었다. 때마침 시장 골목을 지나는데 비닐 문 사이로 희뿌연 김과 구수한 냄새가 흘러나왔다. 그 맛에 홀린 듯 점심시간이 아직 이른데 비닐 문 앞에는 벌써 많은 사람이 줄을 섰다. 나는 그 줄에 서서 기다리기가 부끄러워 선뜻 안으로 들어갈 수가 없었다. 그 후에도 여러 번 그 집을 지나쳤다. 그곳은 언제나 붐볐다.

용기를 내어 첫발을 들여놓기까지는 서너 달이 더 걸렸다. 식당은 마치 판자촌처럼 허름하였다. 낡은 나무 테이블 서너 개, 긴 나무

의자 두어 개가 벽을 향해 붙어 있었다. 빈자리가 없었다. 어디든 자리가 나면 냉큼 앉아야 했다. 비록 모르는 사람이라도 무릎이 닿을 듯 마주 앉아서 먹어야 했다. 김이 오르는 풍성한 대접의 손칼국수를 먹는 사람들은 그러나 모두 행복해보였다.

주방에는 이곳 분위기와는 전혀 어울리지 않는 사람이 보였다. 검은 머리 한 올 흘러내림도 없이 고깔모자를 머리에 얹은 희고 목이 긴 여인이 무척 단아했다. 그 집의 주인이었다. 이목구비가 반듯한 그녀는 하얀 개량한복 유니폼을 입고 고급 음식점의 요리사처럼 진지했다. 그곳이 비록 장터이긴 하나 고상하고 품위가 있고 카리스마도 있어 보였다. 열 명 남짓 들어갈 식당에는 훤칠한 젊은 청년이 보였다. 소탈하게 밀가루가 잔뜩 묻은 앞치마를 두르고 손님을 맞는 그는 아들인 듯하였다. 나중에 알게 된 사실은 이미 몇 개 방송국에서 찾아낸 맛집이었다. 맛의 비결은 생콩가루와 천연의 재료만 사용하는 담백함과 깔끔함에 있었다. 그럼에도 불구하고 가격은 단돈 삼천 원. 나는 그날로 단골이 되었다.

그곳 재래시장에 현대화 바람이 불었다. 무허가 집들이 하나둘씩 자취를 감추더니 칼국숫집도 사라져버렸다. 나는 참새가 방앗간을 잃은 것처럼 영 섭섭하였다. 오래 묵은 손맛으로 행복하던 사람이 어디 나 한 사람뿐이랴. 모처럼 나들이를 나온 어르신들도, 얄팍한 월급으로 살림을 꾸리는 주부들에게도 그곳은 만만한 곳이었다. 아침을 대신해 한 그릇을 비우면 한 끼 든든하게 배를 채워주는 어머니의 넉넉함 같은 집이었다. 나에게도 그랬던 곳이었는데 아쉬운 단골집을 잃었다.

시간이 흘렀다. 이제 시장은 어디를 가도 모양새가 반듯해졌다. 거리엔 현란한 조명이 밤낮으로 돌아간다. 말쑥한 백화점만큼은 못해도 재래시장도 현대적인 모습을 하고 만국기까지 휘날리고 있다. 그러나 나의 마음은 예전 그 허름하던 곳이 그립다.

어느 날 큼직한 간판이 눈에 들어왔다. '강원도 손칼국수' 나는 옛 친구라도 만날 것 같은 기대감으로 이층 건물로 들어섰다. 낮은 천장에 뜨거운 김이 잔뜩 서리던 주방은 사라지고 현대화된 주방에 테이블도 여러 개를 갖추어 깨끗하고 훌륭했다. 여리게 보이던 아들 곁에는 앳된 여인이 배가 부른 채 옆자리를 지키고 있었다. 어머니를 쏘옥 닮은 아들과 가족들이 대를 이어가는 성실함이 아름답다.

굳이 지나간 일을 말하지 않아도 된다. 시장 한편에 자리를 하지만 배달도 거부하고 손쉬운 음료를 팔지 않으며 오직 오래된 음식에만 집중하는 그들에게 장인 정신이 흐른다.

그들이 어떠한 삶의 길을 걸어왔는지 나는 모른다. 다만 두 모자가 고집스럽게 만들어내는 음식에 철학이 있고 이곳에서는 천 원 석 장이면 누구나 행복하다. 최근에 우리 콩값이 너무 올라 부득불 500원을 인상하니 죄송하다는 문구가 보인다. 빈자리에 괜스레 나의 마음이 쓰인다.

일본 여행 중에 만난 것들 중에 인상이 깊었던 것들이 있다. 조그만 상점들과 아기자기하고 앙증맞은 상품들이다. 발을 멈추고 들어가 보면 그곳은 놀랍도록 오래된 역사들이 있다. 백 년이 넘는 과자를 만들고, 생선 한 토막이나 별것 아닌 것 같은 온갖 종류의 장아찌는 물론, 초밥 한 그릇 같은 먹거리까지 정성을 담는다. 얼굴도 모르는 먼 조상들의 정신을 이어가는 도예품, 자신들의 이야기와 시간들을 오롯이 담아 변하지 않는 가치를 입혀 가업이 되고 문화유산을 일구어간다.

고려시대부터 먹기 시작한 국수는 서민들의 것이다. 장터에서는 물론, 궂은일이나 기쁜 일에 약방의 감초처럼 빠지지 않는 소박한 서민의 먹거리다. 이곳도 고향을 닮아 오래도록 사람들을 행복하게 하는 가업이 되기를 바라는 마음이다.

한 장의 낡은 사진이 보인다.

“이 손칼국수 내가 처음 만들었다오.”

사진 속 오래된 할머니도 말 없는 응원을 하시는 것 같다.

동백을 줍다

봄이 간지럽다. 지난해 보았던 어느 동백 숲이 자꾸 눈앞에 아른거린다. 먼 곳까지 갈 수는 없지만 가는 봄을 이대로 보낼 수도 없다. 오랜만에 붉은 브로치를 찾아 가슴에 달았다. 나의 칙칙한 얼굴이 좀 밝아진다. 글공부를 마치고 함께 꽃구경을 가자고 친구를 부추겨 아직 찬바람 머무는 동백섬을 향했다.

한낮의 태양 빛에 바다는 눈이 부시도록 빛났다. 이름처럼 붉은 꽃물들이 뚝뚝 묻어있으려나 기대했건만 동백꽃은 아직 푸른 잎 사이에 간간이 숨어있었다. 이곳은 모두 우리나라 재래동백이라 앙다문 입술을 조금씩 열어가며 피어나는 것이 새초롬하니 단아하고 앙증맞은 모양새를 한다. 만개하기에 아직 이른지 꽃을 찾아내는 것도 숨바꼭질하듯 쉽지 않다.

동백은 피어있는 내내 꽃불을 단다. 우수수 떨어져 내려앉은 뒤에도 여전히 꽃불을 밝혀 붉게 활활 타오르니 그 모습이 장관이다. 꽃망울 주머니에 지긋이 시간을 담아내는 묵직함은 기름이 되어 여인들의 검은 머리에 윤기를 내며 사랑을 받는다. 한 겹의 작은 얼굴은 소박하여 은근한 수필의 매력을 닮은 듯하다. 이처럼 한낮의 호사스러운 오후를 즐길 수 있는 것도 글 줄기를 따르는 덕분이 아니랴.

섬을 걸었다. 어쩌다가 내려다본 나의 가슴에서 브로치가 사라져 있었다. 언제 어디서 떨어져 나갔는지 도통 알 수가 없다. 다리가 불편한 친구를 APEC 건물에 두고 한껏 여유를 부렸던 길을 다시 돌아서 찾아보기로 했다. 그 길에는 사람들이 없었다. 나는 길바닥에 떨어져 있는 브로치가 내려앉은 꽃잎과 구별이 안 될까 하여 눈을 커다랗게 떴다.

내려오던 길을 되돌아가며 샅샅이 훑어보았지만 어디에도 없었다. 혹시나 하고 잠시 머물던 화장실도 들어가 머물지도 않던 곳까지 문을 열고 찾았다. 섬을 한 바퀴 돌았지만 나의 브로치는 없었다. 모처럼 가슴에 달았던 브로치는 며느리가 결혼 전 처음 인사 오던 날 나를 위해 준비했다는 선물이었다. 붉은색이 너무 강렬하여 집에서만 만지작거리던 것을 오늘 모처럼 달았던 것이다.

결혼과 함께 낯설기만 하던 부산에서 아이들을 기르고 뿌리를 내렸다. 아는 이 없는 곳에서 많이 외로웠다. 어릴 때 아들은 엄마의 외로움을 알았는지 잠시도 떨어지지를 않았다. 한 주일마다 아파트 계단 청소를 하는 날에도 처절하게 울어서 이웃들은 나에게 청소를 면제해주었다. 오랜만에 오시는 할머니께도 좀처럼 곁을 주지 않았다. 첫 손주를 그저 바라만 보시던 시어머니께 나는 많이 송구스러웠다.

그런 아들이 장성하여 어느 날 홀로서기를 시작하였다. 고등학교부터 일찍 집을 떠났고 이어 대학 시절에도 집을 떠나 지냈다. 홀로 지내는 것이 외로웠던지 어느 날 이마가 시원스럽고 오뚝한 콧날에 참한 여자 친구를 데리고 왔다. 집으로 인사를 오는 날 정성스럽게 마련한 꽃바구니와 빨간 브로치에 마음을 담아왔더랬다.

벌써 십 년 전 일이다. 그날 가지고 왔던 꽃바구니 속에 있던 바킬라가 하도 싱싱하여 물에 담가 놓았더니 뿌리를 길게 내렸다. 며느리로 집안에 내리는 나무처럼 튼실하게 잘 자라나서 나는 그 나무를 분양하여 다시 며느리에게 보냈다. 든든히 뿌리를 잘 내려 우리 가정을 훌륭하게 이어나갈 아름다운 딸이 되기를 축복했었다.

공원 입구에서 경비원을 만났다.

"제가 꽃구경을 나왔다가 브로치를 잃었어요. 동백 색깔인데요. 혹시 보셨나요?"

"아니요. 못 보았답니다. 찾으면 연락드리지요."

무전기로 다른 동료에게 물어보나 답이 영 신통치 않다. 나의 연락처조차 묻지 않는다. 찾아다니기는 해도 나 역시 다시 찾을 것 같지는 않았다. 시간은 벌써 많이 지났다.

애써 고요한 수풀을 돌며 마음을 다독이는데 동박새 한 마리가 보인다. 그 작은 새는 붉은 꽃송이에 머리를 박은 채 부지런히 꿀을 먹는 중이었다. 가까이에 있는 나를 아는지 모르는지, 거의 무아지경이었다. 사랑스러운 모습을 한참 들여다보았다. 섬에는 많은 외국인 관광객들이 들어오고 있었다. 중국인, 미국인, 일본인도 보인다. 이제는 돌아서야 되겠다. 친구를 오래 기다리게 했다는 미안함에 전화를 했다.

순간 친구가 소리쳤다. 브로치를 찾았다는 것이다. 오던 길을 찾아갈 때도, 그리고 포기하고 다시 올라갈 때도, 친구도 몇 번이나 찾아보았는데 보이지 않던 브로치가 다시 돌아오는 길목 위에 누워 있다고 했다. 아무리 생각해도 이해할 수 없는 일이었다. 누가 칠칠치 못하게 흘린 물건을 길섶에 내려놓아 어수룩한 주인에게 돌려보내려 했었을까.

잃었던 작은 드라크마를 찾은 것처럼 기뻤다. 비록 눌리고 흠이 좀 생겼지만 나에게로 다시 돌아온 이야기 있는 브로치가 너무 반갑고 귀하다.

나는 오늘 그 섬에서 또 하나의 동백을 주웠다.

마당집

나는 기억한다. 나지막한 언덕을 오르면 들장미가 피어있던 붉은 벽돌의 아담하고 행복하던 집을 기억한다. 그곳에서 가족들은 꽤 오랜 시간을 머물렀다. 초등학교에 다녔고 학창 시절과 결혼 전까지 나의 기억은 마당과 함께하였다. 그 시절은 한 지붕 안에서 여럿이 함께 살아가는 것이 흔한 일이었다. 그 울타리 안에서 바람과 여러 가족이 서로 어울려 지냈다.

어느 때는 다리를 잃고 의족을 한 상이용사 아저씨 가족이 함께 살았다. 이웃 아줌마를 나는 이모라고 불렀다. 이발소에서 일을 하면서도 너무도 행복하게 살아가는 젊은 부부도 있었다. 때로는 남편을 잃고 행상을 하던 엄마와 딸이 문간방에 머물기도 했다. 그 집 딸은 엉덩이가 마루와 붙은 것처럼 밥상에 앉아 무섭도록 공부만 했다. 나는 한 대문 안의 가족으로 인해 오래도록 형제가 없어도 외롭거나 심심한 것을 도무지 느끼지 못했다.

마당에는 많은 꽃들이 자리하고 계절을 바꾸었다. 꽃들은 아버지의 것이었다. 아버지의 생애 처음이자 마지막으로 지어 본 붉은 작은 벽돌집은 나의 든든한 둥지였다. 어린 시절 마당 안에는 늘 흙냄새가 났고 작은 꽃들과 나무들은 계절마다 색을 바꾸었다. 아버지는 자주 자그마한 나무와 신기한 뿌리들을 갖다 심으셨는데 그것들은 얼마 지나지 않아 나보다 더 빨리 크기도 했다. 작은 뜰 안에는 항상 꽃들이 피었고 또 지곤 했다.

봉숭아는 제일 앞자리에서 백합은 큼직한 보라색 수국과 함께 가운데서 여름 마당을 지켰다. 갑작스레 화려한 꽃잎을 화들짝 피웠다가 뚝뚝 내려앉는 모란과 작약은 내가 바라보던 세상을 신비롭게 만들곤 했다. 오월이 오면 붉은 장미가 담을 넘었고 아버지는 월계수에 대해 말해주었다. 뒤뜰 안에 가득한 앵두나무의 새빨간 열매는 친구들과 뛰어놀다 따먹던 훌륭한 간식이었다. 그 외에도 보랏빛 도라지 두어 포기와 몇 송이의 선홍색 양귀비꽃도 기억한다. 아버지는 꽃들이 각기 자신의 모습을 피워낼 때마다 늘 자랑스러워 하셨다.

무엇보다 현관을 타고 오르던 포도나무를 잊을 수 없다. 연두색 작은 알갱이가 올망졸망 달렸을 때부터 나는 안달이 났다. 매일 아침마다 달라지는 포도 알맹이의 색깔과 굵기를 들여다보았다. 시간은 더디게 흘렀다. 결국 나는 검은 알맹이가 미처 익기도 전에 첫 포도를 입안에 넣었다.

특히 가을빛에 스러지던 소국은 기억의 빗장을 열고 묵은 시간 속으로 나를 불러들인다. 국화는 언제나 빛바랜 듯 피었다. 서리가 내리면 가녀린 목대는 더욱 향이 깊었다. 달빛처럼 고요하고 아득하여 처연한 느낌이 들었다.

하나뿐인 남동생이 많이 아팠다. 어린 아들의 오랜 간병은 오롯이 어머니의 몫이었다. 아버지께서는 철저한 원칙주의자셨고 직장에 대한 충성심과 책임감은 언제나 가정보다 먼저였다. 그것이 가족을 지키는 가장 유일하고 근본이 되는 임무라고 여긴 것인지도 모른다. 오랫동안 백방으로 병을 고치려는 부모님의 모든 노력이 물거품이 되었고 남동생은 죽었다.

그날은 비가 억수같이 쏟아졌다. 쏟아지는 비를 맞으며 아버지는 죽은 동생을 가마니로 둘둘 말아 옆구리에 안고 집을 나가셨다. 부모님의 슬픔도 모른 채 나는 철없이 옆집에서 온종일 놀았다.

그 후로 딸들이 천천히 태어났다. 아들을 간절히 원하시던 아버지의 꿈은 끝내 이루어지지 않았다. 딸 넷은 아버지의 마당에서 자라났다. 아버지는 때때로 그림자까지도 외로워 보였다.

아버지의 삶은 파란만장했다. 아버지께서는 지금은 갈 수 없는 땅 황해도 옹진에서 태어나셨다. 젊은 시절에 해군이 되었고 어머니를 만났다. 아버지는 매우 성실했고 경찰이 되었다. 6 · 25 동란이 터지자 경찰 가족의 생명은 크게 위협을 받았다. 어떤 일이 있어도 가족을 안전하게 피난시키는 것이 우선이었다. 아버지는 한밤중에 지프차 안에 가족을 태워 피란을 내어보내고 홀로 고향에 남았다. 황급히 고향을 떠나는 차창 밖으로 비가 쏟아지는 듯 총탄이 날아왔다. 그렇게 떠나 온 고향은 다시는 돌아가 볼 수 없는 곳이 되었다. 부모님은 피난을 다니며 병으로 두 아이도 차례로 잃었다고 한다.

아버지는 서울수복收復을 하던 시기에 가평에서 가족을 찾았고 나는 그곳에서 세상 밖으로 나왔던 것이다. 얼마 전 보았던 '국제시장'이라는 영화의 일화들은 그대로 내 아버지의 삶이었다.

벌써 십여 년 전 일이다. 아버지께서 교통사고를 당하신 후 그 후유증으로 삼 년 동안 의식도 없이 누워계시다가 이 땅을 떠나가신 것이…. 나의 책장 한 모퉁이에는 '아버지의 육성' 테이프가 하나 들어있다. 집안에 소설가 한 분이 아버지의 삶을 글로 쓰고 싶어서 생전에 녹음을 해 둔 것이다. 아버지께서 돌아가시고 난 후 그 테이프는 나에게로 보내졌다.

나의 아버지는 뛰어난 재력가도 아니고 세상에 드러내어 놓을 업적을 남긴 것도 없다. 그저 묵묵히 가족의 뒷바라지를 하셨다. 철없는 딸들은 아버지의 깊은 마음을 헤아리지 못했다. 이제 아버지께서 남겨놓은 것은 자식들을 향한 연민이 가득한 일기 한 권과 식물도감 못지않게 잘 정리된 유려한 필체의 스크랩북 한 권, 자신의 삶을 담은 목소리 한 통이 남았다. 그리고 네 명의 딸을 이 땅에 남겼다.

그러고 보니 딸들은 아버지의 마당집 안에 심어졌던 작은 나무들이다. 이제야 다시 보이는 아버지의 마당집이다.

가을 산길

아득하다. 며칠에 걸쳐 겨우 글 한 편을 썼는데 저장을 하는 과정에 실수로 모두 날려버렸다. 종이에 남겨놓은 것 없이 워드작업을 하였는데 흔적도 없이 글이 사라져 버렸다. 컴퓨터 세계의 냉혹함이다. 애써 쓰고 채워둔 흔적이 없다. 쏟아부은 시간들은 아깝지만 사라진 글들은 어쩌면 다 버려야 하는 무가치한 내용이었는지 모른다고 나에게 냉정하게 말하고 자리를 털고 일어섰다. 패잔병처럼 초췌한 모습으로 모자를 눌러쓰고 숲길로 들어선다.

지난밤 내린 비에 붉은 옷을 갈아입던 나뭇잎들은 고운 옷을 입기도 전에 젖은 길바닥에 내려앉는다. 지금 낙엽들을 만나지 않으면 이 달려가는 가을을 영영 놓치기라도 할 것만 같다. 오늘은 늘 가던 편백나무 숲이 아니라 벚나무들이 줄지어 있는 곳으로 가보기로 하였다.

이 길은 처음이다. 저만치 편백나무의 짙은 향내가 벚나무 길에도 내려온다. 가던 걸음을 멈추고 온몸으로 비를 맞아 잔뜩 어두워진 진한 갈색 나무 둥지를 두 팔로 안아본다. 묵묵히 비에 젖은 나무의 짙은 냄새에 산란하던 마음이 한결 편안해진다.

"이렇게 젖은 갑옷을 입고 서 있는 나무야. 정말 장하구나. 훌륭해!"라고 말해본다. 홀로 때를 따라 잎을 내고 옷을 갈아입고 꽃을 피우는 나무들이 인내했을 고독한 시간들에 대해서 생각해본다.

이곳 황령산의 편백나무도 한자리에 심기고 청년이 되기까지 오래 기다렸다. 지난여름에 들렀던 횡성의 자작나무 숲도 마찬가지다. 하루아침에 어찌 어린 나무들이 숲다운 숲을 이루겠는가.

글의 문턱을 넘어가는 나는 한 편의 작품들이 세상에 나오는 과정을 몰랐다. 자신의 마음속에서 메아리처럼 울리는 소리들을 제대로 쏟아낼 수만 있다면 얼마나 행복할까. 글을 쓴다는 것은 자기를 알아가며 내면을 성찰해가는 어렵고 고독한 수행인 것을 몰랐다. 이제 한 걸음마를 떼어 놓으면서 멀고도 끝이 없는 긴 여행을 시작하는 것이다.

수필은 그저 붓 가는 대로 쓰는 것이 아니었다. 글 쓰는 이가 수필적 삶을 살았을 때라야 진정한 향기로 나타나는 것이다. 나는 가슴으로 풀어내어야 하는 수많은 언어들을 듣지 못하고 있을 뿐 아니라 삶으로 걸어보는 것은 아직도 요원遙遠하다. 괜한 일을 시작한 것 아닌가 하는 후회도 바람처럼 지나간다.

수필적인 삶은 불편하게 사는 것이고, 가난의 삶을 사는 것이며 그리고 고독한 것이다. 그래서 수필적인 삶이란 인간적이다. 어찌 그 깊은 세계를 기다림이 없이 이룰 수 있겠는가. 고독을 아는 나무들을 보며 마음을 다시 가다듬는다.

가을 산 위에 운무가 깊게 내려앉았다. 운무는 울긋불긋 단장을 하는 잎새들을 지긋이 덮고 감추어버렸다. 자연이 그려내는 놀라운 장면이다. 늘 오르던 산이지만 오늘은 전혀 낯설고 신비로운 모습을 만들어내고 있다. 눈앞에 보이는 것은 동양화의 화폭처럼 몽환적인 안갯길이다. 아무도 없는 그 산길을 홀로 걷는다.

밤새 크게 내린 가을비가 바위틈에 샘을 터트렸다. 가만히 보니 샘이 터진 곳은 한두 곳이 아니다. 분명 그곳은 바싹 마른 바위가 앉아있던 곳이다. 그랬던 곳이 오늘은 작은 폭포들이 되어 여기저기에서 시원스레 흘러내린다. 이렇게 많은 물줄기를 예전에는 황령산 어디에서도 찾아볼 수 없었다. 숲들은 하늘로부터 내리는 빗줄기를 고대하고 있었던 것 같다. 어젯밤 내린 비는 바위를 가르고 여기저기에 샘을 터뜨리고 작은 폭포를 만들며 산 이야기를 다시 쓰는 중이다.

유명산이 아니어도 좋다. 숲이 있는 그곳이 그저 좋다. 젖은 나무와 낙엽과 가을 물이 들어가는 풀에서 나는 냄새가 좋다. 지금은 언제나 자랑거리가 되었던 광안대교도 감춰버렸다. 숲속의 작은 마을도 사라지고 골프장의 그림도 지워버렸다. 그리고 보니 작은 숲은 태고의 것처럼 신비로워졌다. 인위적인 모든 것을 가리고 난 후에 산은 비로써 진정한 산이 되었다.

글을 쓴다는 것도 이와 같을 것이다. 자아도취적인 힘을 바닥에 내려놓고 한두 걸음쯤 물러서서 오래도록 바라보아야 할 일이다.

감정의 뒤엉킨 뿌리도 끊어내고 상처받은 아픔의 자리는 느긋하게 나이테를 만들고, 때로는 잘 뻗어나가는 가지조차도 잘라내야 한다. 그러면 어느 날 낮과 밤의 냄새와 바람과 별과 순하게 돋아나는 움들이 이야기하는 것을 들을 것이다. 언젠가 내 마음의 바위를 뚫고 샘이 터지듯이 글이 흘러나오기를 기다려보자. 목마른 어떤 영혼과 시원한 물 한 모금을 나누어 마시기를 기다려보아야겠다.

젖은 가을 산 길섶에 피어있는 보라색 꽃향유의 무리들이 보인다. 작은 꽃들이 곱다.

오고 가고, 가고 오다

봄소식이 들려왔다. 주왕산의 저수지로부터 새봄이 피어나고 있다. 숙종 46년에 착공하여 이듬해 경종 원년에 완성한 이 저수지에서 200살이나 되는 왕버들과 능수버들이 봄을 깨우고 있다는 소식이다. 물속에 발을 담그고 허리가 휘어져 있는 고목에서 여전히 연녹색의 여린 잎들이 새록새록 피어나고 있다. 물안개가 피어오르는 태고를 닮은 늪지의 아침이 신비로움으로 가득하다.

사람들은 얼마나 오랫동안 자기에게 주어진 삶을 의미 있게 살

수 있을까. 성경에서는 이 땅에서 가장 오래 살았던 사람이 므두셀라이며 그가 969세를 살았다고 말한다. 노아 홍수 이전 사람들은 놀라운 생명의 특권이 있었는지 모르겠다. 그러나 현대는 의학과 과학의 눈부신 발전을 이루며 힘겹게 인간 수명 백세시대를 맞이하고 있다. 인생도 푸른 숲을 닮아 세월이 흘러도 그 빛이 어두워지지 않고 존엄성을 잃지 않은 모습으로 살 수 있다면 얼마나 좋을까.

내가 근무하는 요양병원에 백한 살 어르신이 입원을 하였다. 일백 년을 힘겹게 살아 온 체구라고 하기에는 너무도 왜소한 모습이었다. 백 년을 살아 있는 그분의 키는 남자 어른의 허리쯤 오고 체중이 27kg이다. 마치 초등학교 1, 2학년 정도의 연약한 여자아이 정도였다. 할머니는 난생처음 경험하는 병원이라는 새로운 환경에 당황스러워하면서도 낯선 이들을 바라보며 꼭 아이처럼 웃었다. 휘어진 허리에 지팡이를 잡았으나 홀로 걸었고 성한 치아라고는 하나도 없어 이 대신 잇몸으로 식사를 하였다.

그분의 고향은 고성이다. 이제껏 그 땅을 떠나 본 적이 없이 인생 백 년을 맞았다. 젊은 시절부터 소리를 잘 듣지 못하는 문제가 있었지만 그 외에는 딱히 아픈 곳도 없고 약 한 번 드신 적이 없다고 한다. 치매도 심하지 않았다. 어머니를 요양병원에 모셔온 육순의 외동아들은 마치 큰 죄인이라도 된 것처럼 보였다. 어머니를 잘 부탁한다며 직원들에게 수없이 머리를 조아리고 황급히 떠나갔다.

다음 날부터 병실의 분위기가 변하기 시작하였다. 사람이 그리운 할머니는 오는 사람마다 붙들고 놀다 가라는 인사다. 의사도, 간호사도, 요양보호사도 만나는 사람 모두에게 아기처럼 천진하게 팔을 잡고는 늘어진다. 그 간곡함에 오히려 웃음꽃이 피어났다. 옆자리에 누워있는 알츠하이머를 앓는 할머니에게 자신의 간식거리를 먹여주다가 "나이도 얼마 안 되는 게 왜 못 먹고 이래?" 하며 혀를 끌끌 차신다.

자신의 처지를 비관하며 늘 울적하던 다른 환자들조차 생기를 되찾아갔다. 아침이면 살며시 목만 내밀고 밖을 살피는 아기를 닮은 할머니를 보고 모두가 좋아한다. 그 백 년의 웃음은 허물어지는 병실의 환자들에게 희망의 아침을 안겨준다.

작은 고목처럼 지내던 그분은 가끔 집에 가야 한다고 떼를 쓴다. 사람마다 붙들고 만 원만 빌려달라고 하소연을 하더니 요즘은 그도 저도 모두 잊은 것인지 편안하시다.

어린아이들은 평균 하루에 500번을 웃는다고 한다. 백 세 할머니도 눈만 마주치면 갓난아기처럼 해맑게 웃는다. 약간의 인지장애는 있지만 표정은 늘 평화롭고 따스하다. 허리가 굽고 목소리는 아득하도록 닳았고 피부는 세월의 띠가 피해가지 못했지만 사람들을 향한 따스한 마음만은 병실을 환히 밝혀주고 있다.

최근에 할머니 자리를 창 옆으로 옮겨드렸다. 그곳은 종일 햇살이 비치는 초록의 산등성이가 마주 보인다. 창밖 거리에는 잊을 만하면 한 번 씩 자동차들이 지나다닌다. 찾는 이 하나 없는 외로운 병상에서 창밖의 풍경이라도 보시라는 작은 배려인 셈이다. 대중가요를 3절까지 구성지도록 부르던 옆자리의 할머니가 이제는 말을 잃고, 먹는 것도 잊고, 자신이 누구인지조차 모른 채 누워 있으니, 이 작은 병실도 홀로 지내던 고향처럼 쓸쓸하기는 매한가지일 것이다.

나는 병실로 들어가면 언제나 팔을 벌려 조그마하고 굽은 등허리를 꼬옥 안아드린다. 그러면 미소가 햇살처럼 퍼지며 나의 팔을 마주 잡는다. 다행히 잡은 팔에 아직은 힘이 들어있다.

"차가 오고 가고, 가고 온다. 내가 저거 본다고 이렇게 앉아 있다.
그런데 좀 놀다 가거라. 침대에 올라앉았다 가그레이….
빨리 가고 그라지 말고…."

아기가 웃고 있다. 아주 오래된 나무처럼 주름진 모습 속에서 백 살 된 아기가 웃고 있다. 백 년의 기억 속에서 세월이 하나씩 지워져도 웃음을 잃어버리지 않은 그분은 청송 주산지의 봄버들을 닮았다.

우리 인생은 피할 수 없는 세월의 강을 따라 흘러간다. 오고 가는 것이 어디 창밖을 지나는 차량뿐일까. 삶도 순서도 없이 가고 오고, 또 다음 세대들이 오고 있다. 숲은 깊을수록 신비스럽고 나무는 해를 더할수록 그늘이 넉넉하니 햇살처럼 자연을 닮고 싶은 봄날이다.

2부

봄에게 말을 걸다

누름돌

어쩌다가 이름조차 생소한 땅에 머물고 있다. 늘 새로운 것을 도전하고 싶어하는 남편이 어느 날부터인가 듣도 보도 못한 나라 이름을 자주 들먹였다. 그 후 몇 년이 지나지 않아 나는 코 낀 망아지처럼 멀고 먼 중앙아시아에 남편을 따라와 살고 있다.

그는 평생 대학의 뜰에서 학생들과 지내왔다. 은퇴하면 자신이 할 수 있는 것으로 어려운 나라에 재능기부를 하겠다고 하더니 그 말은 현실이 되었다. 본디 인생이 나그넷길이라고 했는데 적지 않은 나이에 다시 진정한 나그네 생활이 시작되었다. 모든 것이 만만하고 익숙하던 내 나라가 아니니 이것도 저것도 낯설기만 하다.

새로운 곳에서는 관습도 다르고 사람들의 언어도 다른데다가 음식까지도 우리와는 판이하리라 생각하였다. 그래서 이곳으로 올 때 별걸 다 가져오고 싶었다. 낯선 땅으로 간다고 가까운 친지들이 된장, 고추장은 물론 참기름, 들기름까지 챙겨주셨다. 심지어 오이지까지 바리바리 싸 주셨다. 그런데 오이지는 한국 땅을 떠나기도 전에 다 먹어 치웠다. 유난히 무덥던 한국 날씨에 혼자 이삿짐을 싸다가 지치면 오이지에 밥을 말아 다 먹어버렸다.

나는 오이를 좋아한다. 모양새도 늘씬하거니와 빛깔도 산뜻하다. 요란스럽지 않으나 맛이 상큼하고 아삭거리는 식감은 여러 가지 요리에 맛깔스럽게 애용된다. 수분이 많아 땀을 많이 흘리는 여름철에는 더욱 환영받는 효자식품이다. 어찌 그뿐이랴. 다 늙어 누렇게 거칠어지고 볼품이 없어져도 투박한 껍질만 벗기면 다시 뽀얀 속살이 드러나 쓱쓱 채 썰어서 고추장에 버무리면 그 또한 일미다.

무엇보다 한여름 입맛이 없을 때 뭐니 뭐니 해도 오이지가 최고다. 잘 삭은 노란 오이지를 꺼내 얄팍하게 썰어 동동 얼음 띄운 찬물에 담그고 식초 몇 방울 떨어뜨려 찬밥 한 공기 말아먹으면 다른 찬이 필요가 없다. 오이는 몸의 열기를 내려주고 항산화 물질이 풍부한 서민들의 사랑을 받는 음식으로 예전의 여인들은 항아리에 한 접씩 장아찌를 담그곤 했다.

맛있는 오이지를 만들기 위해서는 싱싱한 조선오이와 좋은 소금이 필요하다. 커다란 항아리에 차곡차곡 오이를 담고 소금물을 팔팔 끓여 부은 후 그 위에 돌을 올려 꾹 눌러두어야 한다. 모든 것을 다 잘 맞추어도 지긋하게 눌러주는 시간이 없으면 그 맛을 내지 못하고 버려야 한다. 나도 몇 번 정성을 들여 보았다. 그러나 어머니의 손맛을 내지는 못했다.

진정한 나그네는 어느 곳에서나 그 땅 음식을 먹고 그곳 사람처럼 살아야 한다. 그래야 머무는 땅이 다가와 사람들과 정을 나누고 오래 사랑할 수 있다. 그러나 나는 여전히 현지 음식보다는 평생 먹어오던 쌀밥에 김치가 더 좋다. 종류도 별로 없지만 고려인이 운영하는 작은 한국 마트를 자주 기웃거린다. 먼 곳을 찾아 까다롭고 손이 많이 가는 내 나라 음식을 만들어 먹을 때가 좋다. 여러 가지로 자격미달이다.

그런데 이 땅에 들어와서 좋은 것이 있다. 그것은 대자연의 아름다움을 가까이에서 만날 수 있는 일이다. 살고 있는 곳에서 불과 한 시간 정도면 볼 수 있는 알라르차 국립공원을 오른다. 태고의 신비로움을 보여주는 험하고 높다란 산은 고개를 뒤로 한껏 젖혀야만 정상을 다 담는다. 해발 5,000m의 정상은 한여름에도 하얀 만년설이 그대로 자리를 잡고서 신비롭고 웅장한 위용을 보인다. 눈이 녹아내리는 은빛 물줄기가 이리저리 길을 만들며 콸콸 소리치며 흘러간다. 한여름이라도 선뜻 손을 담그기가 주저하도록 차고 흐름이 빠르다.

산은 오를수록 야생화가 지천이다. 9월도 중순인데 아직 노란 민들레도 보인다. 사람 허리만큼이나 커다란 엉겅퀴의 군락은 들길을 지킨다. 산은 나의 눈으로 들어와 영혼에 각인을 찍고 나와 하나가 되었다. 시원스레 흐르는 물줄기를 따라 걷다가 죽은 나무로 만든 다리를 건넌다. 돌무더기가 또 다른 산을 이루었다.

돌 한 개를 주웠다. 반들거리고 너무 무겁지도 가볍지도 않으며 설핏 분홍빛도 돌며 금빛도 보인다. 오이지 만들 때 누름돌로 쓰면 딱 좋겠다. 그렇게 쓰기에는 과분한 돌이다. 이곳 알라르차 국립공원까지 와서 또 오이지 타령이다.

문득 이 돌처럼 살 수 있다면 좋겠다는 생각을 한다. 죽지 않고 팔팔하게 살아서 요리조리 피하는 오이를 지그시 눌러주는 누름돌을 생각한다. 어쩌면 나도 숨죽지 못하는 오이와 같은 처지다. 세포 속으로 깊숙이 파고드는 짠맛도 괴로운데 머리를 눌러대는 중압감 때문에 죽을 지경이라고 호들갑스러운 오이를 담금질시키는 누름돌은 무엇일까.

나의 지나간 삶 속에도 수없이 많은 담금질 안에서 인내하던 시간들이 있다. 한때는 마음먹으면 세상이 모두 내 손 안에 들어올 줄 알았다. 인생의 누름돌은 나의 오만과 자만심들을 연단의 소금물에 절이고 곰삭혔다.

자연이 한없이 아름다운 이 땅에서 소박하고 착한 사람들이 함께 살아간다. 그 속에는 깨어진 가정과 관계들 속에서 눈물을 흘리는 많은 가난한 학생들과 여인들을 본다. 이제 나도 작은 누름돌이 되어주고 한데 어울리고 싶은데 갈 길이 멀다.

다차마을의 오후

대문 앞에 섰다. 텐산의 능선이 에둘러 안고 있는 고즈넉한 전원마을 산동네의 끝자락집이다. 마을로 들어서자 내가 머물고 있던 시내와는 공기가 사뭇 달라 머리가 맑아지고 코가 뻥 뚫리듯 시원하다. 굳이 교통도 불편한 산동네를 찾아들어 온 주인의 쉽지 않은 결정에 감탄이 저절로 나온다.

만년설이 녹아 소리치며 흘러내리는 물줄기가 마을을 가로지른다. 배산임수의 명당자리가 분명하다. 느릿한 오후 흐드러지듯 열매를 달고 있는 사과나무 가지가 담을 넘었다. 조막만 한 사과가 이제 막 붉은 물이 들어가는 중이다. 가을이 오고 있는가 보다.

평온한 시골집을 예고도 없이 찾아왔다고 이 집의 파수견이 요란하게 짖어대며 경계 태세에 들어간다. 이 나라 말도 못하는 나를 영 우습게 보는 것 같다. 시베리아 벌판을 달리던 사냥개의 후예인 듯 눈빛부터 맵싸하다. 선한 주인을 전혀 닮지 않았다. 이 나라는 공원마다 개들이 활보를 하고 심지어 사람들이 지나다니는 발밑에서조차 아랑곳하지 않고 벌러덩 누워 오수를 즐기는 태평한 모습도 보았다. 여유 만만한 견공들은 영혼이 자유로운 이 땅 사람들처럼 한없이 여유롭다.

대문 안으로 들어섰다. 언제인가 어디쯤에선가 보았던 것 같은 낯설지 않은 모습이다. 마치 시골의 외가댁이라도 찾아온 것 같은 평화로움이 가슴으로 안긴다. 햇빛을 반쯤 가려놓은 지붕 위로부터 검붉은 포도송이들이 커튼처럼 주렁주렁 늘어져 있다. 뜨락에는 오래된 벽난로도 보이고, 싱크대와 낡은 식탁도 있다. 세상의 소용돌이가 들리지 않는 이곳에서 채소를 뜯어 삼겹살이라도 구워 소박한 잔치를 열어도 손색이 없겠다.

이 평화로운 곳은 고국을 떠난 지 10여 년이 넘었다는 초로의 부부가 시름을 잊는 곳이다. 다행스럽게도 이웃에 마음이 서로 잘 맞는 한국인 몇 가정도 살고 있어서 외로운 타향살이 신세이긴 하지만 한결 적적함을 위로하는 안식처가 될 것 같다.

적지 않은 마당 안에 온갖 종류의 과일나무가 실하다. 배추와 머위, 상추, 깻잎, 열무, 부추 등도 보인다. 넉넉한 닭장 안에서 볏이 붉은 닭들이 한가로이 풀을 먹다가 목청을 울려 통쾌한 소리를 자랑한다. 모든 것이 어우러져 한 폭의 그림이다.

주인장은 그 마을에서 가장 맛이 좋은 사과라며 뜰의 사과를 권한다. 팔을 뻗어 한 개를 뚝 따서 시원스레 쏟아지는 물에 씻어 한입을 베어 물었다. 다디단 과즙이 입안에서 터진다.

집 안으로 들어섰다. 초록의 창문가에서 햇살이 와르르 쏟아져 들어온다. 깊은 밤이 되면 달이 뜨고 또 별이 뜨는 방 하나, 그리고 주방을 겸한 작은 공간에 무릎이 맞닿을 만큼 협소한 거실이 전부다. 주인장은 이 안락한 쉼터에서 얼마나 행복한지 소년을 닮은 미소가 도무지 떠나지 않는다. 그가 손수 내려주는 커피 향이 집안으로 퍼져난다. 고요하고 밝고 따스한 시간이다. 그동안 모든 낯선 것들 속에서 뾰족하고 까칠하던 나의 마음이 눈 녹듯 편안해진다.

익숙한 것들을 등지고 불혹의 나이에 머나먼 이국땅으로 뛰쳐나온 우리를 선뜻 집으로 맞아주는 마음이 참 따뜻하다.

다차는 제정러시아 시절부터 정부가 서민들에게 나누어준 복지 혜택이었다. 모든 것이 풍요롭지 못하고 시장도 활성화가 되지 않아 겨울이면 먹을 것이 없었다고 한다. 그래서 사람들에게 일정한 크기의 땅을 무상으로 나누어주고 각각 자신들이 농사를 지을 수 있는 개인 농장을 분배하여 운영하도록 했다. 사람들은 주말과 여름이 되면 아이들을 데리고 교외에 있는 농장으로 가서 시간을 보내곤 했다.

그들은 흙을 고르고 땀을 흘려가며 씨를 뿌리고 기다림의 시간을 지나 추수의 가을을 기쁨으로 맞았다. 아이들은 돌을 고르고 아버지들은 그곳을 사랑하며 가꾸었다. 봄부터 시작한 농장에서 야채와 과일을 수확하여 창고에 저장을 하고 긴 겨울 동안 굶주리지 않을 귀한 양식을 자급자족했던 것이다. 한국에서 요즘 유행하는 텃밭 가꾸기, 주말농장 형태의 도시농부 운동인 셈이다. 지금도 여유를 가진 가정에서는 도심에 집을 갖고 있으며 따로 다차를 소유하고 있어서 주부들은 겨울을 맞는 큰 행사로 잼과 저장식품을 여러 날

동안 만들고 월동준비로 바쁘게 보내는 모습을 볼 수 있다.

오늘 이 댁 안주인의 빈자리가 보인다. 이곳은 오랜 타국 생활을 하며 한 가지도 아닌 세 종류의 암과 싸우며 끝내 가정을 지켜 낸 사람들의 쉼터이다. 치료를 마무리하기 위해 잠시 한국에 들어간 안주인이 사진 속에서 나를 보고 환하게 웃는다. 곱다. 그리고 두고 온 사랑하는 아들들의 모습이 사진틀 안에서 해국처럼 맑다. 그들의 가정이 오늘까지 걸어온 길은 평범하지 않았다. 그리고 결코 녹록하지도 않았을 것으로 추측이 된다.

본디 인생 순례길이란 굽이굽이 말로 다할 수 없는 사막의 골짜기와 가시밭길을 지나는 훈련의 연속이었을 것이다. 그리하여 마침내 평안과 성숙의 단계에 이르러 감사와 기쁨의 열매를 맛보게 되는 긴 여정이리라.

다차의 여름이 익어간다. 계곡을 따라 앉은 울타리마다 이야기들이 열리고 있다. 오늘 친근한 고향 집을 다녀온 것처럼 평안이 선물보따리처럼 따라와 이방의 땅에 머물고 있다는 어설프고 연약한 생각들을 말끔하게 지워주었다. 사는 곳이 익숙한 내 나라 한국이든, 낯설고 생경한 어느 나라 땅이든 살아가는 동안 그 터전을 살맛나는 곳으로 다듬어가며 길을 만들며 가야겠다. 머지않아 가을은 산마을로부터 꿈을 꾸는 이들의 가슴속으로 조금씩 내려 올 것이다.

길 위에 서다

길을 나선다. 인천에서 출발한 비행기는 카자흐스탄의 알마티에서 한 번 갈아타고 낯선 땅으로 오던 때는 꽤 늦은 밤이었다. 가로등도 없는 까만 길목을 더듬어 낯선 집으로 들어 온 첫날 잠을 이룰 수 없었다. 낯섦과 설렘으로 생경스럽기만 한 곳에 나는 다시 작은 둥지를 틀었다. 키르기스스탄의 비쉬켁이다. 실크로드가 이어가는 그 길을 나는 매일 걸어본다.

오래된 길은 종일 차량들로 몸살을 앓는다. 고즈넉하던 옛길에서 낙타를 탄 대상들의 여유로운 모습은 더 이상 만날 수 없다. 의외로 세계의 유명세有名勢를 안고 있는 차량들이 길을 차지하였다. 사람으로 치자면 모두 중늙은이 정도 되는 것들이다. 년 수가 삼십 년이 되었어도 여전히 달린다. 말을 타고 초원을 달리던 사람들이 말 대신 자동차를 선택했다. 시간의 흐름 속에 자동차는 애마愛馬가 되어 길을 달리고 있는 것이다. 이 길은 과연 과거로부터 진화된 것일까.

그래도 조금만 도시의 중심을 벗어나도 길은 곧 얼굴을 바꾼다. 나는 그 오래된, 과거로 들어가는 조금은 쓸쓸하기도 한 이 길을 달리는 것이 좋다. 시원스레 뻗어있는 가로수 길은 타임머신을 타고 과거로 나를 이끈다. 때때로 아주 비현실적이고 묘한 기분이다.

수건으로 머리를 덮은 이 땅 여인들과, 그녀들의 천진스러운 아이들이 함께 살아가는 집터들은 가난하지만 평화롭고 한적한 모습으로 이어진다. 마당에 높이 쌓아올린 건초 더미들은 혹독하게 긴 겨울을 준비하는 농촌의 모습이다. 가끔은 학교도 들어가지 않았을 사내아이가 홀로 말을 타고 유유히 마을을 가로지른다. 아직 앳된 티가 그대로 남았지만 유목민의 후예는 초연하기 그지없다.

길은 오래되었다. 전한前漢(BC 206~AD 25)시대 한무제는 흉노의 노략과 가난으로부터 벗어나기 위해 서역에 비단을 팔기를 소원

所願하였다. 그래서 충성스러운 장건을 세우고 우여곡절 끝에 상건은 한나라의 서안에서부터 로마까지 새로운 길을 열었다. 아름다운 비단은 서역인의 마음을 사로잡았고 비단들이 낙타에 실려 가던 길은 실크로드라는 아름다운 이름을 얻었다. 그 길에 대월지(우즈베키스탄), 오손(위구르)과 강거(키르기스스탄) 같은 유목민들과 여러 차례 힘든 전쟁을 치러야 했다. 그 후 둔황敦煌을 비롯하여 네 곳에 요새를 세우고 장삿길을 보호했는데, 이때부터 본격적으로 서역으로 통하는 길이 열린 것이다.

길은 아득하다. 총길이가 무려 6,400km에 달한다. 중국 서안 지방에서 시작하여 타클라마칸사막의 남북 가장자리를 따라 파미르고원을 넘어 중앙아시아 대초원을 따라간다. 그리고 이란 고원을 지나 지중해 연안에 다다르는 대장정이다. 수많은 대상이 그 길을 떠났고 다시 돌아왔다. 그들의 삶은 나그네처럼 바람의 냄새가 났고, 별들을 안고 외로운 길 위에 머물렀다. 그리고 애틋하고 가난한 마음을 안고 가족의 품으로 돌아오곤 했을 것이다.

길은 초원이다. 지난 가을날 대평원을 고지 3,800m의 등성에서 바라보았다. 실크로드의 대초원이 구름의 바다가 되어 끝을 알 수 없도록 아득하게 펼쳐있었다. 그러나 구름이 걷힌 대평원은 그 웅대하고 장엄함으로 살아있는 길의 혈관들을 보여줄 것이다. 수천 개의 길은 중앙아시아를 서로 이어주는 그물이다. 비단길은 초원길만은 아니다. 메마른 사막에 지친 나그네들에게 안식을 주던 오아시스 길과, 망망대해의 바닷길도 열었다.

길은 빛을 품었다. 이 길은 '채도의 길'이다. 화려한 칠기와 아름다운 유리며 형형색색의 찬란한 도자기가 실크로드를 따라 전파되었기 때문이다. 화약기술, 제지기술, 과학의 중요한 자료들도 길을 따라 이동하였다. 종이를 만드는 기술은 중세 유럽에 인쇄술을 발달시켰으며 원대한 지식을 발전시키는 원동력이 되었다. 그리고 기독교와 불교와 이슬람이라는 종교와 학문들을 이동시키며 세계의 문명과 역사까지도 바꾸며 서로 다른 빛을 이동시켰다.

길은 멈추지 않는다. 어느 해 여름날 서울에서는 유라시아대륙을 횡단하는 첫걸음이 있었다. 시베리아 횡단열차로 대륙을 지나 유럽까지 달리는 것이다. 남북으로 분단된 현실 앞에서 북녘을 뻗어가는 일은 제한이 있어 소련의 블라디보스토크에서 베를린까지, 또 중국의 베이징에서 러시아의 이르쿠츠크까지 길을 이었다. 한 달간의 여정에서 총 1만 4,400km의 획을 그었다. 그 길은 오래전, 1907년 네덜란드의 헤이그에서 열리는 만국평화회의를 위해 시베리아 열차에 올랐던 이준 열사가 떠났던 길이다. 백 년의 시간을 기다리고 2015년 그의 후손과 다음 세대들이 길을 다시 떠났다. 길은 분명 다시 이어지고 있는 것이다.

길은 기다림이다. 저마다의 삶의 희망과 꿈을 안고 집을 떠났던 사람들, 역사의 위대함을 이루기 위해 익숙한 것들을 떠나던 사람들이 바람처럼 걸었던 길이다. 그리고 사랑하는 것들과 자신을 키워내던 모든 것에 대한 그리움과 애틋함을 향하여 돌아오던 길이다. 그래서 길은 오래전부터 전설처럼 그곳을 지키고 있었다. 그 길 위에 달이 뜨고 달이 지고 시간이 흐른다. 켜켜로 쌓인 시간의 길 위에 한 점이 되어 내가 서 있다.

바람의 딸

키르기스스탄은 야생화의 천국이다. 끝이 보이지 않던 길고 어두운 겨울의 터널을 지나자 은백색 너울을 머리에 드리운 텐샨의 봉우리들이 경이로움으로 다가온다. 그 아래 끝없이 펼쳐지는 잠들었던 평원 위로 새털처럼 보드라운 바람들이 이리저리 불기 시작한다. 그러면 광활한 벌판은 생명력으로 가득 차오르며 향기로운 꽃들이 피어나기 시작하고 파릇한 융단 위로 야생화의 축제가 시작된 것이다.

그중에 절정은 붉은 양귀비들의 출현이다. 어제까지지도 초록의 바다였던 벌판 위로 느닷없이 현기증이 나도록 뚝뚝 내려앉은 붉은 꽃잎이 대지를 물들이면서 그 짧은 시간 동안 땅은 열정으로 불타오른다. 그러나 한 계절 타오르던 꽃불이 스러지고 나면 그 붉던 꽃잎은 어디에서도 흔적조차 찾을 수가 없다.

엉겅퀴는 달랐다. 내가 엉겅퀴를 처음 만난 것은 한국의 어느 야산에서다. 야생화이긴 하나 꽃술이 꽤나 튼실하였다. 보랏빛 얼굴이 하늘을 향해 서 있는 모습은 그 어느 지혜로운 여인의 자태처럼 기품이 있었다. 엉겅퀴꽃들은 무리를 이루고 있지 않고 들판의 외딴곳에서 가물에 콩 나듯 피어났다. 가시로 만든 옷을 입었지만 의외로 뽀얀 털은 사뭇 보드랍기까지 했다. 그 모습이 퍽이나 정겨웠다.

언젠가 엉겅퀴를 다시 만났다. 불처럼 뜨거운 여름날 이스라엘의 한 광야에서다. 바싹 타들어가는 황야 가운데 거칠고 강한 가시로 잔뜩 무장을 하고 있었다. 그 누구의 접근도 허락하지 않던 광야의 들꽃이었다. 우리나라의 산야에서 보던 보드랍고 정겨운 모습과는 전혀 달랐다. 꽃들은 한 계절의 아름다움이 지난 후에도 여전히 빈 들판을 지키고 있었다. 그 메마름은 처절하리만치 고독해 보였다.

황량한 광야에서 이름도 없이 죽어 말라버린 화석처럼 보였다. 나는 타들어 가는 마른 땅에 홀로 서 있던 엉겅퀴를 오래도록 잊을 수가 없었다.

흔히 힘들고 고달픈 삶을 가시밭길이라고 말한다. 만만함이 없는 인생 가운데 고통스러운 일들이 이어지고 피해 갈 희망조차 보이지 않을 때 가시와 엉겅퀴 같은 인생길이라고 표현을 한다. 순탄하지 못하고 힘든 세상살이를 비유로 말한다. 광야에 홀로 서 있던 황량하고 거친 모습은 인생의 가시와 엉겅퀴가 어떤 고통을 말하는지 보여주는 것 같았다.

이 여름 다시 엉겅퀴를 만났다. 해발 2,000m도 훨씬 넘는 텐샨의 한 능선 위에서다. 그 길 위에 엉겅퀴들이 줄을 지어 서 있다. 산허리부터 시작된 엉겅퀴 무리는 산중턱을 넘어서도록 계속 이어지고 있다. 마치 바람 부는 벌판에서 발을 땅에 묻고, 온몸을 창과 칼로 무장을 한 여자 무사들의 행렬처럼 보인다. 이 땅의 어떤 영웅이 그토록 성실한 무사武士를 얻을 수 있을까. 시대를 호령하던 왕이라 할지라도 이처럼 충성스러운 호위대는 얻지 못할 것 같다.

엉겅퀴의 마른 무리가 참으로 장관壯觀이다. 그 여인들은 온몸을 예리한 가시로 된 갑옷을 입은 채 태양과 바람 앞에 선 채로 고목이 되었다. 산화된 몸 그대로 산을 지키는 여전사戰士가 되어 길고 긴 텐샨의 산등성이를 여전히 에워싸고 있는 것이다.

말라버린 엉겅퀴는 꽃은 아니었다. 아니다. 엉겅퀴는 이미 충분히 아름다웠다. 꽃이 아닌 이유는 전적으로 나의 책임이다. 내가 너무 늦게 그들을 찾아갔을 뿐이다. 그래서 바람의 딸들이 펼쳐 보이는 장엄한 보랏빛 행진을 미처 보지 못했을 뿐이다. 바싹 타버린 몸으로 텐샨을 지키는 그녀들에게 대해 나는 절대적인 경외심을 갖는다.

그녀들은 아주 오래된 전설처럼 교교한 달빛을 안으며 길 잃은 별들을 안내하였다. 그리고 한낮의 초원에서 뛰노는 어린 양들과 땀을 흘리며 벌판을 달리는 말들의 모습을 바라보고 진정 행복해하던 엉겅퀴들이다. 그리고 이제 기꺼이 화석이 되어 고고하게 서 있는 야홍화夜紅花들의 모습이 눈물겹다.

누군가는 이야기한다. 예수님이 십자가에서 피를 흘리던 손과 발에 박혀있던 못을 뽑아 땅에 심었더니 그 이듬해 그 자리에서 피어난 식물이 엉겅퀴였다고…. 그래서일까. 오히려 자신을 내어주는 약용식물로서의 덕스러움이 숨어있다. ≪본초강목≫과 ≪동의보감≫에서는 몸의 어혈을 풀어주고, 코피를 멈추게 하며, 상처의 출혈을 멎게 하는 성분이 있다고 했다. 그리고 옴과 종기 등을 치료하고, 여성들의 대하증과 하혈을 치료하는 신통함을 밝힌다. 최근에는 간을 회복시키는 실리마린이라는 성분이 들어 있어서 간질환을 앓는 사람들에게 희망의 약초로 소개가 되고 있다. 그러니 이곳 텐샨의 엉겅퀴가 이제는 사람의 생명까지도 지키려는 것일까.

엉겅퀴를 다시 바라본다. 한여름 내내 보랏빛 고깔을 쓰고 빈들에 고고孤高하게 서 있던 꽃들이다. 광야의 낮과 밤을 지키어 내던 강하고 아름다운 엉겅퀴는 바람의 딸들이 분명하다. 가시 옷을 입은 채 벌판이 다 비어 가도, 아무도 접근할 수 없는 냉혹한 겨울이 와도 그 딸들은 여전히 산을 지킬 것이다. 가을이 짙어가는 텐샨을 내려오며 나는 자꾸 뒤를 돌아본다. 엉겅퀴, 바람의 딸들이 저만치 서 있다.

봄에게 말을 걸다

창밖은 액자 속 풍경이다. 고만고만한 창문들, 주저앉은 베란다, 몇 달째 움직이지 않고 서 있는 낡은 자동차, 잎을 떨어낸 나뭇가지가 그대로 정지되었다. 어쩌다 홀로 집에 머무는 날이면 우주의 먼 곳에 떨어진 듯 적막하다. 희미한 불빛의 저녁, 나의 시계는 거꾸로 흐른다. 가끔 들려오는 아이들의 높은음이 아니면 나는 시간 밖으로 영영 나오지 않을 것 같다.

겨우내 텅 빈 나무들이 바람조차 얼어붙는 냉혹함 속에 무거운 눈덩이만 머리에 이고 있다. 언제까지나 가벼워지지 않을 것 같았다. 그러나 며칠 사이 이 땅의 그림이 변하고 있다. 나무는 기지개처럼 간간이 진저리를 쳤다. 가만히 보니 굽은 등을 펴고 겨울 추위를 버티는 가지에 새움이 돋고 있다. 얼어붙은 땅에 봄이 오는 게다.

잿빛 회색 공기가 도시를 짓누른다. 들숨날숨조차 버거워지고 목이 따갑더니 잔기침이 자꾸 나온다. 여러 이웃의 도움으로 공기가 좀 나은 곳으로 집을 옮겼다. 이곳에서 이사는 유목민처럼 가뿟하다. 우리의 두 번째 둥지는 4단지라고 불리는 곳의 40년 된 아파트였다. 낡은 집들은 모양새가 모두 닮았다. 이곳에서는 아이들의 학교와, 산부인과 병원 이름조차 획일적인 숫자다.

무엇보다 오르도싸이 재래시장이 가까워 사람들 사는 모습을 보니 마음이 한결 편안해진다. 게다가 주말이면 여러 정거장에 걸쳐 벼룩시장도 선다. 골목 안까지 옹기종기 판을 펴 아끼던 소장품들을 내어놓았다. 오래된 찻잔, 아끼던 목걸이와 양털모자, 철 지난 의복, 짝이 맞지 않는 장난감, 병원에서 사용하던 낡은 수술칼과 가위들, 아끼며 가꾸어 온 화분 몇 개, 이빨 빠진 접시와 어느 때 사용한 것인지 모를 냄비와 구두와 정말 오래된 골동품들이 나온다.

80여 종족이 모여 살아가는 사람들의 생김새가 다양하다. 하얀 얼굴에 노란 금발머리를 한 코가 오뚝한 러시아 혈통, 투르크족, 아르메니아인, 타타르족, 위구르족, 둥간족, 고려인, 모두 다르다. 우랄알타이족인 키르기스 혈통의 아이들은 우리와 모양새가 너무도 닮아 마음이 더 간다.

집 옆에 '17번 학교'가 있다. 어둠도 벗어지지 않은 시간 아이들은 부모의 손을 잡고 털모자를 얼굴의 반쯤 눌러쓰고 얼음판에서 넘어져도 끄떡없는 외투를 단단히 차려입고 깊이를 알 수 없는 언어로 새처럼 재잘거리며 모여든다. 정말 사랑스럽다. 어디서나 아이들은 꿈을 꾸고 꿈을 먹기 때문인 것 같다. 내가 매일 만나는 길거리 아이를 제외하고….

그 아이는 집시의 딸이다. 눈이 크고 얼굴이 햇볕에 잔뜩 그을린 구릿빛이다. 날마다 거리에서 구걸하는 엄마와 함께 있다. 다른 아이들이 학교에 갈 때에도 길바닥에서 종일토록 머문다. 어느 날 무심히 길을 걷고 있던 나에게 빈 그릇을 코앞까지 느닷없이 들이밀어 깜짝 놀라는 모습을 보고는 까르륵거렸다. 구걸을 하다 피곤해지면 언 땅바닥에 앉아 엄마의 무릎을 베고 곤히 잠을 잔다.

구소련연방의 흔적은 삶을 단순하게 한다. 낡았지만 작고 따뜻한 집, 지진에도 끄떡없는 탄탄함, 그리고 필요한 만큼의 빵을 먹는다. 애써 크게 서두름도 없이 하루하루를 살아간다. 인생이란 본디 그렇게 욕심 없이 살아가야 하는 건지도 모른다.

이제 이 땅에 발을 디딘 지 백일이 된다. 처음 이 땅에 들어올 때는 이슬람국가라는 이유로 마음이 눌려 이른 아침이나 어둠이 내려앉는 저녁이 되면 동네의 작은 상점을 나가는 것조차 두려웠다. 그러나 어디나 다 사람들이 사는 곳이었다. 서서히 문을 열고 나오니 이제 조금씩 사람들이 보인다. 그리고 그 일상의 행복과 감추어진 아픔도 조금씩 보인다. 이사를 오면서 초코파이를 들고 이웃에게 인사를 다녔다. 그때 문을 열고 보여준 이웃집의 아기는 심한 언청이의 입술을 하고 있었다. 매일처럼 갈라진 입으로 옆집 아기는 목청이 터지도록 울었다. 한국이라면 간단히 수술을 할 텐데 안타까운 모습들이 보인다.

가난은 결코 부끄러운 것은 아니다. 삶을 살아가는데 절대적인 걸림돌도 아니었다. 어려운 현실 속에서 오히려 파도를 타듯이 자신의 삶을 개척해가는 학생들도 보인다. 이 땅의 희망들이다. 안락함 속에서 운명을 향해 아무것도 도전하지 않거나 단 한 번뿐인 인생을 포기하는 유약함이 아니다. 척박한 환경에서도 의연하게 살아가던 유목민의 정신이 곳곳에 흐르고 있다.

얼어버린 눈길 위에 흩날리던 낙엽들이 보이질 않는다. 누군가 매일 낙엽을 쓸고 있었다. 조용한 마을에서 마당을 쓸고 있는 것도 사람 사는 소리였다. 눈에 젖었던 땅에 파릇한 앉은뱅이 봄풀들이 다시 서서히 자리를 잡는다. 얼마나 놀라운 자연의 생명력인가.

겨울 한가운데에서 여전히 시간은 흐르고 있었다. 눈과 얼음으로 덮였던 산골짝마다 지루하도록 긴 시간의 터널이 지나면 꽃들은 춤을 출 것이다. 다시 야생화와 민들레와 붉은 양귀비가 흐드러질 것이다. 이 땅의 후예들이 봄빛처럼 자라나서 중앙아시아의 밝은 길을 열어가기를 꿈꾸어본다. 꽃바람이 대지를 덮고 침묵처럼 닫힌 수많은 문이 열리는 날을 기다려보자. 이 땅에 진정한 봄이 오기를, 나는 봄에게 말을 걸어본다.

열한 마리 강아지의 탄생

세상에서 약하지만 가장 강한 끈은 무엇일까. 그것은 생명을 이어가는 모성母性의 끈이 아닐까. 생명을 잉태하고 그것을 품으며 세상 밖으로 내어주는 태의 줄, 생명과 또 하나의 생명을 이어가는 신비를 체험하며 세상의 모든 여성은 인생의 깊은 강을 건넌다. 그리고 그 안에서 살다가 또 그렇게 죽어가는 것은 사람이나 한낱 미물이나 별반 다르지 않다.

무술戊戌년 첫 개학날이다. 봄을 기다리지만 지구촌 곳곳이 얼어붙었다. 간밤에는 밤새도록 눈이 내려 세상이 온통 설국雪國이다.

마치 닥터 지바고의 영화 속 어느 장면으로 들어가고 있는 것 같다. 눈 덮인 산맥들과 은백색으로 변해버린 땅은 모든 번민까지도 묻어버린 무상무념無想無念의, 그리고 시간도 공간도 초월한 아득한 태고의 모습을 보인다. 눈으로 바라보는 차창 밖의 풍경 덕분에 출근길은 꿈을 꾸는 듯했다. 오랜만에 들어선 학교 역시 깊은 겨울 나라였다.

엄동설한嚴冬雪寒에 경사가 났다. 케인대학 안에서 함께 살아가는 흰둥이가 지난밤 출산을 했다. 그것도 자그마치 모두 열한 마리의 새끼를 낳았다. 변변한 집도 없이 밤새 건물 옆 키 큰 사철나무 아래에서 홀로 산고를 겪었다. 평소에 무심하던 경비 아저씨들이 말도 제대로 통하지 않는 우리에게 열심히 기쁜 소식을 알려주었다.

열한 마리의 새끼들은 갑작스레 달라진 상황에 몸을 떨며 연신 울어댄다. 어미는 얼마 전과는 몰라보게 달라져 있었다. 순한 눈이 퀭하고 뱃가죽은 등에 달라붙도록 홀쭉해진 데다가 등뼈가 훤히 다 드러났다. 겨울방학 중에 임신과 출산이라는 엄청난 일을 겪은 것이다. 그녀는 자신의 몸이 바싹 타들어간 갈잎처럼 허물어져 가는 것은 아랑곳도 하지 않고 연신 어린 것들을 핥아주고 있었다. 겨울

나무 아래에서 핏방울 한 점 남김없이 그 많은 자식들을 살려내었다. 지난밤 기온은 영하 18도가 넘었다.

우선 그 가족을 따뜻한 곳으로 옮겨야만 했다. 출산 후 자칫 어미가 예민해져 있을 법도 했지만 이 어미는 달랐다. 아저씨들이 들어올린 새끼들을 자신의 눈으로 확인하고자 지친 몸으로 겅중겅중 뛰어 상자 속에 들어 있는 어린것들을 보고 또 보았다. 보일러실로 산모와 아기들을 옮기고 나서야 비로소 모두의 마음이 놓였다.

밤새 산고産苦로 지친 몸이지만 어미는 연신 울어대는 새끼들을 품었다. 눈도 뜨지 못한 어린것들은 추위와 허기로 물에 젖은 듯 기운이라고는 하나 없는 어미의 품 안으로 파고들었다. 그래도 외면하지 않고 자신의 모든 것을 내어주는 어미의 마음이 눈물겹다.

그녀는 래브라도 리트리버의 혈통이다. 절대로 무례하거나 예의에 어긋나게 행동하는 일도 없다. 사람들을 좋아하고 충성스러워서 어부들과 고락을 함께하기도 하며, 사냥터와 어려운 일터에서, 때로는 앞을 못 보는 주인을 위해 평생 친구가 되어주는 훌륭한 견공이다. 개에 대해서는 문외한인 나는 아는 것이 별로 없고 그리 좋아하는 편도 아니지만 그녀는 배꽃처럼 눈이 예쁘고 사랑스러웠다. 비록 가난한 시골에서 제대로 빛도 못 보고 살아가는 처지이긴 하지만 첫아들과 딸이 무럭무럭 자라나는 모습을 보며 남편 없는 세월도 그런대로 행복했다.

지난가을 동네의 견공들이 무리를 지어 학교를 들락거렸다. 우리는 그녀가 다시 맹목적인 사랑에 빠질까 봐 걱정이었다. 이제 겨우 자식을 길러내고 좀 편안해진 그녀가 다시 힘들어지는 것이 안타까웠다. 그러나 홀로 살아가기에 아직 그녀는 젊고 우아했다. 이바노프까 마을에서 그녀보다 더 현숙하고 아름다운 모습은 아마 찾기 어려울 것 같다.

새해가 시작되고 또다시 어미의 길을 걷는 그녀를 바라보며 이 땅의 수많은 여인들의 삶이 흰둥이를 닮았다고 생각한다. 이 땅에서는 깨어진 가정이 너무도 많다. 그리고 그것은 여인들의 삶을 거칠고 힘들게 만들어 간다. 유목민의 후예인 탓일까. 짧은 사랑과 욕망은 순간이고 방랑자처럼 쉽게 떠나버리는 남자들과 그로 인해 깨어지는 가정들의 모습이 다반사이다.

이혼한 어머니와 이혼을 한 딸들이 숙명처럼 자식을 품고 기른다. 아버지의 사랑을 결코 받아본 적이 없는 아들과 딸들은 어른이 되면 쉽게 사랑하고 너무 쉽게 헤어진다. 이곳의 결손가정 학생들을 바라볼 때 참으로 안쓰러운 마음이 가는 것 중의 하나이다.

그러나 생명의 탄생은 기쁨이다. 모든 케인 가족들은 어린것들이 빛의 속도로 자라며 토실토실 살이 오르고, 눈을 뜨고 어미를 따라 종종걸음으로 걸어 다니는 모습에 웃음과 기쁨을 선물로 받고 있다. 퉁퉁 불은 젖가슴으로 잠시 바깥바람을 쏘이고는 영락없이 어린 새끼들을 돌보려고 그 자리를 지키는 지극하고 갸륵한 모성애를 본다.

어린 자식을 품고 의연히 살아갈 흰둥이의 삶을 다시 응원한다. 엄동설한에 찾아온 열한 마리의 강아지는 학교 울타리에 있는 모두의 마음을 보드랍고 따뜻하게 하고 있다. 무뚝뚝하기가 나무토막 같던 경비 아저씨들도 눈빛이 변했다.

열한 마리 생명의 탄생은 역시 축복이다.

소동

다시 돌아왔다. 혹독한 추위를 피해 겨울방학 동안 네덜란드에 머물렀다. 다시 제자리로 돌아온 도시는 석탄 매연으로 앞이 보이지 않았다. 매캐한 공기가 공항 깊숙이 들어와 격한 환영을 한다. 눈은 물론 목구멍까지 따갑다.

아는 이 없는 마나스 공항이지만 나와 눈을 맞추려는 낯선 이들로 소란하다. 이른 새벽에 들어 온 승객을 태우려고 기사들이 먹잇감을 가로채려는 독수리처럼 모여들었다. 그중 칼팍을 단정하게 쓰고 끈질기게 따라오는 젊은 기사가 눈에 들어왔다. 그의 눈빛이 비교적 맑게 보여 그를 선택했다. 그런데 공항 밖으로 나와서 보니 그는 정식 영업용 택시기사가 아니었다. 이미 때는 늦었다.

집 주소를 알려주었지만 그는 길도 잘 몰랐다. 여러 번 차를 세우고 누군가에게 전화를 걸고 물었다. 때로는 길도, 말도 모르는 우리에게 다시 묻기를 여러 번 하고 가다 서기를 반복하였다. 갈림길에서는 엉뚱한 길로 들어서기도 했다. 우여곡절 끝에 집으로 돌아왔다. 날이 아직 밝지 않아 불도 없는 좁고 낡은 계단을 무거운 가방을 들고 더듬어 올라갔다. 40년 된 아파트다.

현관문에 종이 한 장이 붙어있었다. 순간 가슴이 덜컹 내려앉았다. 전기요금에 대해 엄격해서 마감 날짜가 하루만 지나도 인정사정없이 전기선을 끊어버린다는 무서운 이야기를 몇 차례 들은 적이 있었다. 현관문을 열었다. 집안은 토굴 같았다. 벽을 더듬어 전기 스위치를 올렸다. 전기가 들어오지 않았다. 그 종이는 날짜를 지나도록 챙기지 않은 전기요금 고지서였다. 전기요금을 내주기로 약속했던 사람이 중요한 나와의 약속을 잊은 것이다.

쉬어진 김치 냄새가 집안에서 진동했다. 냉장고를 열었다. 깜깜 먹통이었다. 이번에는 냉동고를 열었다. 냉동실의 저장 음식들이 모두 썩어 내리고 있었다. 부엌 바닥으로 흘러내린 이물질은 말라 비틀어져 버렸고 집안은 복합된 악취로 가득했다.

이 나라는 불과 수년 전만 해도 겨울철에 야채를 찾아볼 수가 없었다고 한다. 감자와 양배추 이외에는 먹을 것이 없었고 대형마트가 생겨 난 것도 근래의 일이었다. 한국이나 유럽과는 달리 겨울 동안 과일과 채소를 신선하게 보관하는 기술이 발달되지 못했기 때문이다. 사실 대한민국도 지금처럼 살기가 좋아진 것이 그리 오래된 것도 아니다.

겨울이 다가오면 키르기스스탄 주부들의 일손이 바빠진다. 신선한 과일과 채소 등을 미리미리 여러 가지 방법으로 저장을 해야 하기 때문이다. 토마토와 마늘과 야채를 끓여서 병조림을 만들기도 하고, 딸기잼을 만들거나 냉동을 하여 특별한 간식을 만든다. 버섯과 피망, 오이도 소금에 절여서 기나긴 겨울을 보낸다. 그 양이 엄청나다. 마치 우리나라에서 김장철 여인들이 월동 준비를 하는 것과 같다. 새내기인 나도 작은 냉동고 하나 구입하여 겨울 준비를 마치고 길을 떠났던 것인데 모든 것이 헛수고가 되었다.

긴 여행으로 지친 몸은 지진이라도 만난 듯 흔들거렸다. 그러나

난장판이 된 집안일은 미룰 수도 없다. 사실 썩어진 것들은 돈으로 계산되는 것이 아니다. 언어가 익숙지 못하여 누군가의 배려와 섬김이 없이는 장도 볼 수 없고, 나들이를 할 수도 없었다. 어쩌다가 나들이라도 나갔다가 뜻하지 않게 싱싱한 과일이나 야채라도 만날 때는 마치 복권에 당첨된 것처럼 기뻐했다. 그렇게 하나하나 모아서 첫 번 겨울을 지내려던 나의 월동 작전은 이 첫 번 겨울에 오물로 변했다.

예상치 못한 일로 생긴 소모적인 불쾌감에서 가장 먼저 떠오르는 것은 바로, 이 나라 사람에게서 받은 배신감이다. 이러한 상황을 예방하려고 집을 관리하는 현지 직원에게 신신당부를 하고 공과금을 내도록 충분한 돈과 집 열쇠까지 맡겨두고 떠났기 때문이다. 부득이 집을 비워야 하는 나를 찰떡처럼 안심을 시키던 그녀였다. 믿었던 사람에 대한 실망감은 매우 컸다. 먼저 이 땅에 들어 온 사람들로부터 오리엔테이션을 받은 민족성을 이해하는 순간이었다. 나의 불평과 실망감은 민족에 대한 비난으로 마구 비약이 되었다. 시간이 지나면서 처리할 쓰레기의 분량이 늘어 갈수록, 몸이 지쳐 갈수록 분노의 감정은 나의 분화구에서 활화산이 되어 솟아올랐다.

한때는 싱싱하고 맛이 좋던 과일과 채소들을 쏟아버리다가 문득 한 영상이 떠올랐다. 새까맣게 그을린 어린 집시 계집아이가 동냥을 하려고 끈질기게 따라오며 손을 내미는 모습이었다. 그리고 땡볕 아래서 그 어린 딸을 사납게 때리던 집시 엄마의 모습이다. 시장 골목에서 자주 보이던 집시 모녀다. 사람들이 버린 쓰레기통의 더러운 무더기 속을 뒤져 양식을 찾던 노숙자의 모습도 생각났다. 매서운 영하의 날씨에 산동네의 더러운 맨홀 뚜껑을 열고 겨울밤의 혹한을 피하기 위해 땅속으로 서서히 사라지는 때 묻은 마른 손가락도 기억이 난다.

내가 아끼던 이 음식들을 그들에게 진작 나누어 주었더라면 얼마나 그들이 행복했을까. 겨우내 혼자 먹겠다고 쌓아둔 음식들을 먹어보지도 못한 채 쓰레기로 버리고 있으니 한 치 앞을 내어다 볼 줄 모르는 어리석은 나의 모습이 또 싫어지고 있다.

다시 생각해본다. 눈앞에 보이는 자녀들에게는 무엇이라도 더 해주지 못해 안달을 하면서 평생 딸자식을 바라보는 한 분 늙으신 어머니에게는 제대로 효도하지 못하는 나의 모습이다. 그리고 허물투성이인 나를 한없이 참으시고 기다려주시고 아들을 희생하신 그분을 향해서 감사하지 못하고 살아왔다는 것도 정직하게 떠올랐다.

키르기스스탄의 사람들은 대체로 책임감이 없고 약속을 잘 지키지 않는다. 그러한 자기중심적인 태도 때문에 자주 비난을 하게 되지만 나 역시 탐욕과 이기심의 깊은 타성 속에서 무감각하게 살아온 것이다. 그러고 보면 비난하고 화를 내는 나 자신도 조금도 다르지 않다는 생각이 든다. 분노를 지나 이제 부끄러운 내가 보인다.

인터넷도 전화도 모두 끊어진 가운데 우여곡절 끝에 현지 직원들이 늦은 오후가 되어 방문하였다. 이곳은 전기 사정이 나쁜 이유로 정전으로 인해 전기 차단기가 내려갔을 것이라며 복도 스위치를 올렸다. 집안이 밝아졌다.

비록 열쇠까지 맡겼어도 돌보지 않은 것은 그녀의 무책임 탓이긴 하나 이미 엎어진 물이다. 이른 새벽부터 나의 마음속의 분노와 비난과 뱉어낸 불평의 말들도 역시 오물 덩어리다. 온종일 대청소는 계속되었다. 냉장고 속을 남김없이 비웠다. 더러움을 철저히 버리고 나서야 새것을 넣을 수 있었다. 나의 마음도 함께 대청소를 한다. 힘들게 배우는 비움과 채움의 이론이다.

종이꽃

비쉬켁에서 한인교회를 찾아가던 첫날이었다. 한여름날의 거리는 뜨거운 열기로 타올랐다. 하늘을 향해 뻗어 오른 미루나무만이 휑하게 비어있는 거리를 지키고 있었다. 그 장면은 오래전 까마득한 어느 날처럼 내게는 비현실적으로 느껴졌다.

그때 태양빛이 강렬하게 쏟아지는 길을 아주 천천히 걸어오는 한 사람이 보였다. 대나무처럼 곧은 허리와 정갈하게 차려입은 옷매무새에 꼭 다문 입술과 눈빛이 강했다. 가까이 오신 분의 연세가 하도 지긋해 얼른 머리를 굽혔다. 그러자 근엄하게 닫혀있던 얼굴이 호수의 표면 위로 물결이 치는 듯 환해지셨다. 그 모습이 영락없는 한국의 어머니였다. 억양은 이북 사투리가 섞여서 다소 낯설었지만 또렷한 한국말로 나를 맞아주셨다. 고려인이었다.

키르기스스탄에서 살고 있는 대부분의 고려인들은 우리말을 잘 모른다. 그들은 대개 러시아어로 말하거나 키르기스어를 사용하였다. 그런데 그분은 한국말을 분명하게 말하고 계셨다. 나는 놀라서 한국말을 어떻게 그토록 잘할 수 있는가를 물었다. 그분은 3년 동안 대학 안에 있는 어학원에서 열심히 한국어 공부를 하셨다고 했다.

후에 알게 된 할머니의 연세는 95세였다. 러시아가 지배하던 시절에 오래도록 학교의 수학 선생님이었던 그분은 요즘도 매일 수영을 즐겨하신다고 했다. 한 주일에 한 번 열리는 노인대학도 좀처럼 빠지는 법이 없다. 아들 가족과 함께 살며 일요일마다 30분 정도 되는 길을 걸어 교회에 나오시며 자신의 인생을 즐기는 놀라운 분이었다.

그분의 나이가 14세가 되던 때의 일이었다. 1937년 9월 9일부터 12월 말까지 고려인 강제 이주가 진행되었다. 러시아의 연해주에 살고 있던 모든 고려인들은 누구도 예외가 없었다. 아무것도 모르던 철없는 어린아이들과 하루하루를 성실하게 살아가던 사람들에게 예고 없이 닥쳐온 쓰나미와 같은 삶의 급박한 사건이었다.

한일합병이 되자 일본에게 나라를 빼앗겨 버린 사람들이 가족들과 함께 연해주로 이주하여 삶의 뿌리를 힘겹게 내리고 있었다. 그들은 낯선 땅에서 풀뿌리처럼 적응을 하면서 아이들을 기르며 살고 있었는데 그 숫자가 무려 1,800만 명이나 되었다.

러시아는 점점 수가 늘어가는 우리 한국인들을 가장 낙후된 중앙아시아로 이주시키는 계획을 오래전부터 비밀리에 추진하고 있었다. 그리고 드디어 1937년 9월 9일 드디어 이 엄청난 일은 시작되었다.

한해의 추수를 기다리던 때였다. 그런데 어느 날, 여름 동안 땀흘려 지었던 모든 전답의 곡식들과 손때 묻은 세간과, 모든 재산들을 남겨둔 채 홀홀 몸만 떠나게 되었다. 사람들은 짐승을 실어 나르는 화물열차를 개조한 낡은 기차에 짐승처럼 마구 떠밀려 태워졌다. 그러한 화물열차는 무려 1,800대가 되었고 고려인들은 눈물로 연해주를 떠났던 것이다.

열차는 밤낮을 바꾸어 가며 한 달이라는 길고 긴 시간을 달렸다. 시베리아의 황량한 벌판을 지나며 들리는 것은 쉬지 않고 달리는 털커덩거리는 기차 바퀴 소리와 이따금씩 절규하듯 울어대는 경적뿐이었다. 그 누구도 자신들의 앞날을 기약할 수 없었다. 먹을 것과 마실 것도 제대로 없는 열악한 환경 속에서 추위에 떨며 병들었고 그 화물기차 안에서는 수많은 어린아이와 노인들이 죽어 나갔다. 요란하게 달리던 기차가 어딘가 이름도 모르는 역에 멈추면 살아있는 자들은 그들의 죽어간 이들을 땅에 묻고 다시는 돌아갈 수 없는 곳으로 떠났다.

어느 날 기차가 멈추고 떠밀리며 짐승처럼 버려졌다. 그곳은 때로는 우즈베키스탄이었고, 어떤 이들은 카자흐스탄, 또 어떤 이들은 키르기스스탄 땅에 던져졌다. 어느 땅에 내려섰어도 사정은 모두 별반 다르지 않은 황량한 중앙아시아의 냉혹한 죽음의 장소였다.

키르기스스탄은 해마다 10월 중순이면 첫눈이 내린다. 올해도 이른 눈이 약속처럼 내렸다. 그렇게 빠른 겨울로 들어갔던 고려인은 그 일로 인해 일만 천 명 이상이 추위와 굶주림으로 생명을 잃었다. 나라를 일본에게 수탈당한 힘없고 서러운 우리 민족이 만났던 수난의 역사이다. 버려진 그들은 그래도 중앙아시아의 낯선 땅에서 다시 살아가야 했다.

우선 추위를 피하기 위해 맨손으로 땅을 팠고 겨우 몸을 가리고 들어갈 수 있는 움막을 지었다. 그리고 갈대를 엮어 지붕을 덮었다. 그 움막은 혹독한 중앙아시아에서 긴 겨울을 지나기 위한 유일한 피난처였다. 그리고 갈대밭을 손톱으로 일구어 손끝이 모두 무너지도록 황무지를 개간하면서 인생의 광야를 지나온 사람들이다. 1992년 구소련이 붕괴되면서 러시아 외에 11개 독립국가가 분리 독립을 하였다. 그때 나라 없이 떠돌이가 된 디아스포라 고려인들은 배타적인 민족주의 운동으로 인해 다시금 서러운 시절을 보낸다.

강 할머니도 그런 세월을 살았다. 연해주에 머물던 한인들은 대부분이 나라를 잃고 민족의 독립과 희망의 새 삶을 꿈꾸던 우리의 선조들이다. 그들이 세상의 천덕꾸러기가 되어 극한 가난과 천대와 절망의 늪에서 오늘 이 시간까지 살아나온 사람들이다. 나는 어쩌다가 이 땅에서 그분들을 대하게 되었다.

할머니는 처음 만난 나에게 그 시절 이야기를 봇물처럼 쏟아놓았다. 모든 날짜와 년도를 손바닥을 보는 것처럼 또렷하게 기억을 하고 있었다. 생의 모든 순간, 어느 하나라도 차마 그대로 흘려보낼 수가 없어 그분의 뇌리 안에 깊이 각인이 되어 있는 듯하였다. 그리고 어디에서 살든지 단 한 번도 일하는 손을 놓아보지 않았던 성실하고 치열한 삶이었다. 그분은 풀뿌리처럼 살아온 생의 뒤안길에서 이제는 자신에게 남아 있는 하루하루에 감사한다.

지난 추석 때의 일이다. 시내의 한 자그마한 극장에서 '고려인의 날' 행사가 진행되었다. 마침 집에서 멀지 않아 길게 이어지는 에르낀딕 공원을 걸어서 나가보았다. 광장에는 화사하게 옷을 차려입은 고려인들 이백여 명이 모여 있었다. 모두 연세가 지긋했고 얼굴에는 삶의 굴곡이 깊숙하게 새겨져 있었다. 이제 갓 피어나는 앳된 여학생들은 복사꽃 같은 한복을 입고 어르신들에게 붉은 종이꽃을 달아주었다. 나의 가슴에도 종이꽃이 달렸다.

군악대의 연주가 시작되자 사람들은 물 흐르듯 짝을 지어 열린 광장에서 춤을 추기 시작했다. 춤을 즐기는 러시아 문화에 동화된 것 같았다. 조용히 시작한 그들의 춤동작은 한 줄 기쁨인 듯도 보이고 안식安息처럼도 보이고, 바람을 닮은 그리움인 듯도 보이고 어쩌면 울음 같기도 했다. 나는 오래도록 그 춤사위를 바라보았다. 추석

명절에 가슴에 종이꽃을 달고 낯선 땅에 서 있는 나 역시 그들과 하나라는 생각이 들었다. 괜스레 눈이 젖어온다.

그분들의 부모들은 오래전 이 땅을 떠났다. 이제 그들의 후예가 부디 뿌리를 잊지 않기를 마음으로부터 응원해본다. 한국 사회와 한인 교회에서 고국 방문 프로그램을 진행하고 있는 중이다. 강 할머니도 몇 해 전 그토록 보고 싶던 어머니의 나라를 다녀오셨다고 한다. 고려인 할머니 한 사람 한 사람이 모두 살아 있는 전설이다.

아흔도 넘긴 그분의 손톱에 짙은 진달래 꽃물이 묻어 있었다.

오래된 것들이 말하는 것

얼마 전 러시아를 찾는 기회가 있었다. 컨퍼런스를 참석하고 상트페테르부르크에 잠시 머물렀다. 덕분에 세계 3대 박물관 중 하나인 에르미타주박물관을 둘러보게 되었다. 그곳에는 학창 시절 책을 통해 보았던 화가들의 유명 작품들이 방마다 전시되어 있었다. 화가들은 거대한 화면을 형형색색의 미려함과 세밀한 붓의 터치로 자신들의 예술세계를 화폭에 담아내었다. 그림은 작가들의 열정과 영혼을 바쳐 불후의 명작名作이 되었다. 미술은 아름다움을 표현하는 최고의 예술 중 하나가 분명하다.

때때로 우리는 광야와 메마른 사막을 바라보면서 말로 표현하기 어려운 또 다른 아름다움을 만나게 된다. 광활한 대자연을 가슴으로 만날 때 사람의 손으로 빚어내지 않은 거대한 자연의 신비로움에 압도되어 버린다.

키르기스스탄의 암각화공원을 바라보는 일이 그랬다. 그곳을 찾아가는 과정은 만만치 않았다. 이정표가 따로 없어 빈 들길을 오래 헤매었다. 마을도 별로 없어 이리저리 찾다가 되돌아 나오기를 몇 번 한 후에 인적 없는 벌판에서 오래된 암각화들을 만날 수 있었다.

암각화의 들판은 광활한 돌들의 땅이었다. 드넓은 땅을 덮고 있는 크고 작은 바위들은 얼마나 오랜 세월 황량한 대지를 지켜낸 것일까. 소리도 없고 고운 빛깔도 없는 무채색의 성역이었다. 모양새가 모두 다른 크고 작은 바위들로 채워진 끝을 알 수 없는 광야였다. 아름다웠다. 멀리 한여름에도 녹지 않는 눈 덮인 봉우리와 태양이 내리쬐는 벌판 위로 전설처럼 무너져 내린 돌들의 땅들이 그랬다. 나는 알지 못한다. 바람이 휘몰아치는 메마른 대지 위로 아주 먼 그 옛적에 무슨 일들이 일어났었는지를….

창조과학회를 이끌어 가는 명망 있는 어떤 물리학자는 이곳의 암석들은 빙하가 녹아내리던 물줄기를 따라 먼 곳으로부터 굴러온 흔적이라고 말했다. 거대하고 거침없는 물줄기는 산들을 깎아버리고 질풍노도가 되어 광활한 대지 위로 깊음의 산으로부터 무시무시한 위력으로 돌들을 옮겨 놓았다. 얼마나 많은 물들이 땅으로 흘러내리고 드넓은 강이 되어 흘렀는지, 그 많은 물들은 지금은 모두 어디로 가서 안식을 얻은 것인지, 이스쿨의 장엄한 호수들은 그날들의 이야기를 다 알고 있는 것인지….

시작도 없고 끝도 없는 무채색의 돌들의 땅을 천천히 걷기 시작했다. 바람이 분다. 바람은 어디로부터 오는 것일까. 이 땅에 서 있던 이들의 혼에서 나와 저 텐샨의 골짜기로 휘돌아가는 것일까. 바람이 어루만지고 가는 길목에 아로새긴 소와 말과 표범과 산양들과 낙타의 모습을 본다. 그리고 늑대와 온갖 야생동물들이 돌 위에서 천년의 비바람을 맞으며 여전히 살아있다. 오랜 세월 깎이고 태양빛에 타들어갈 법도 하건만 동물의 모양새가 선명하다.

태양이 내리쬐는 광야에서 이 많은 암각화를 아로새기던 그들은 또 누구일까. 잃어버린 시간을 찾아 걷고 또 걸었다. 그 광활함의 무게에 눌려 숨을 죽인다. 수천만 년보다 더 멀고 먼 시간 속으로 들어가 볼 수 있다면, 이 광야에서 영원한 것을 기다리고 살다 간 사람들의 흔적이 보인다.

돌무덤을 만났다. 육신이 흙이 되고 돌이 되고 바람이 되었을까. 빈 무덤이다. 옛사람들은 모두 사라졌지만 암각화는 지금도 여전히 그곳에 살아있다. 원대한 자연 앞에서 인생은 먼지처럼 가볍다는 생각이 든다. 잠깐 지나가다 멈춘 나의 눈으로는 위대한 시간의 역사를 다 바라볼 수는 없다.

오래전 ≪거석을 찾아서≫라는 책을 읽은 적이 있다. 영국을 여행하던 작가가 우연히 발견한 스코틀랜드 스톤헨지에서 고인돌과 거석을 만난 후 쓴 책이었다. 먼 옛날부터 인간은 불완전하고 삶과 죽음을 뛰어넘을 수 없는 존재이기에 영원과 불멸을 갈망했다. 거석은 인간의 염원을 담아 변하지 않는 그 무엇을 세우고자 하는 뿌리 깊은 인간들의 욕망과 기도의 상징물이었는지도 모른다.

돌들은 사람들과 함께 살아왔다. 영국, 아일랜드, 프랑스, 스페인, 포르투갈의 대서양 연안과 시칠리아, 코르시카, 발레아레스 제도에도 거석의 유적이 남아있다. 유럽뿐만 아니라 아프리카와 한국에도 고인돌이 있고, 이스터섬에는 석상石像이, 아메리카에서는 마야와

아스텍문명이 남긴 거석들이 유물로 남아있다. 모두 인간이 뿌리를 내렸던 곳이다.

우리나라에서도 암각화가 발견되었다. 1970년대에 입으로 전해져 오던 것들이 원효대사가 머물렀던 반고사지盤皐寺址를 찾던 반구대 마을에서 국내 최초의 암각화가 세상에 모습을 드러냈다. 반구대 암각화蔚州大谷里盤龜臺岩刻畵는 국보로 인정을 받았다.(1995. 6. 23: 국보 제285 지정) 선사시대 유적으로 인정되면서 그 연대가 약 7,000년에서 3,500년 전으로 본다. 인류의 문화유산이다.

키르기스스탄의 암각화 공원은 오래된 흔적이다. BC 4~5세기라고 추측하고 있다. 이 소중한 유산들이 오래도록 잘 보존되기를 소원해본다. 시작도 끝도 알 수 없는 암각화의 기억들을 마음에 담고 돌아선다. 인적 없는 빈 벌판이 시리도록 아름답다.

3부

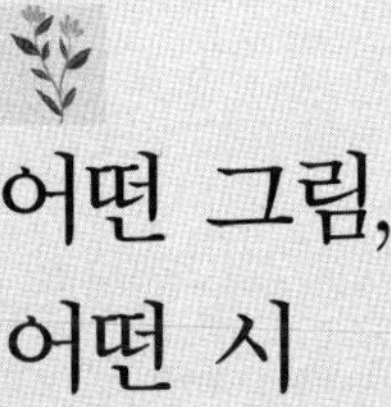

어떤 그림,
어떤 시

수선화

바람이 분다. 종일토록 부지런하던 해거름이 바빠지고 어눌한 초행길을 가는 나에게 바람이 길을 열고 있다. 얼마나 걸었을까. 동백의 숲길을 넘어 간간이 물결 소리가 들리더니 포구浦口 한 자락이 서서히 열린다. 곧이어 나지막한 돌담을 넘어 해맑은 노오란 꽃잎들이 얼굴을 보이기 시작한다. 나는 연신 담장 안을 기웃거리며 발을 내어딛는다. 수선화 군락들이 쪽빛 바다를 배경으로 꿈길처럼 다가온다.

오랜만에 친구들과 추억 여행을 떠났다. 우리는 긴 세월의 공백을 넘어 푸릇한 시절로 돌아간 듯 사기충천하였다. 초행길은 결코 만만하지는 않았지만 남해로 가는 길목은 참으로 평화스럽기만 하다. 남해와 통영은 이미 여러 번 다녀온 길이다. 그래도 친구가 좋아 이 봄에 다시 떠난다.

올해 유난히 일찍 만개하던 벚꽃들은 꽃비가 되어 날리고 있다. 거대한 화폭에 형형색색의 물감으로 누군가 한바탕 그림을 그려낸 듯 꽃들이 흐드러지게 피었다. 갓 피어나는 보리와 풋마늘밭이 초록빛 물결로 출렁인다.

우리는 외도와 공곶이, 소매물도와 장사도, 통영의 명물들을 돌아보는 일정을 시작하였다. 새벽잠까지 설치고 서울에서부터 달려왔으니 지칠 법도 한데 누구 하나 그런 기색은 보이지 않는다. 누가 뭐래도 우리들 인생은 후반부로 들어섰다. 그러고 보니 모양새는 달라도 예외 없이 치열한 전투를 치른 것 같다. 모두가 삶의 현장에서 열심히 달려온 친구들이다.

졸업과 함께 시작된 직장인 종합병원에서는 생명이 촌각을 다투었고 생과 사의 갈림길은 일상으로 만나는 일이었다. 행복의 정점인 줄 알았던 결혼 생활도 결코 우리의 파라다이스는 아니었다. 조르주 상드의 말처럼 결혼이란 '사랑을 받기 위해 상처받는 곳'이었는지도 모른다. 모국어가 사라진 땅에서 살다 온 친구의 삶의 깊이는 또 어떠했을까. 때로는 몰려오는 인생의 광풍 앞에서 처절한 위기를 넘기기도 했다. 진달래를 닮은 친구는 사랑하는 이를 먼저 보내고 낯선 세상을 향해 슬픈 비둘기처럼 걸어나와야 했다. 젊은 시절 개성들이 톡톡 튀던 풋풋한 향기들은 다 어디로 가고 하나같이 구르고 부딪치고 닳아버린 검은 몽돌처럼 둥글둥글 빚어져 있었다.

나 역시 삶이 외롭고 벅차다고 징징거리던 시절이 있었다. 지난날을 생각해보면 오늘이라는 언덕에 오른 것도 그저 꿈만 같을 뿐이다. 우리는 이제 한결 자유로워졌으니 외로운 인생길에서 오늘 손을 잡는다. 집집마다 곰국 한 통씩 만들어놓고 탈출을 했는지 모두가 천하태평이다. 나도 맛있는 국거리를 한 주일은 족히 먹도록 끓여 두고 부산에서 합류했다.

남해는 꽃들의 잔치가 벌어졌다. 외도가 그랬고, 장사도가 그랬고, 소매물도가 그랬다. 특히 '별에서 온 그대'로 인해 섬을 온통 동백의 꽃불로 태웠던 장사도는 한류열풍으로 다시 흔들리고 있었다. 그런 와중에 수줍게 숨어서 꽃 궁궐을 만든 곳을 찾았다. 천주교

박해로 인해 핏빛의 혹독함을 피해 숨겨졌던 포구浦口였다. 거제팔경 중의 하나로 그곳은 거룻배 공舼 자와 궁둥이 곶串 자를 써서 공곶이라 하였다고 한다.

같은 거제도의 8경이라고 해도 외도와 공곶이는 사뭇 다르다. 두 곳이 모두 집념 어린 부부가 인생의 대가를 치르고 만들어 낸 유산遺産이다. 외도는 그 모양이 화려하고 아름다운 서양 궁전의 정원을 닮았다. 일 년에 백만 명의 관광객이 다녀가는 대한민국에서도 손을 꼽는 곳이다.

공곶이는 외도와는 전혀 분위기가 다르다. 아직 그 모습을 다 볼 수 없어 더욱 신비로운 장소였다. 사방은 고요하고 문명의 혜택을 비켜 앉은 듯 무심하고 수수하여 비밀스럽게 보였다. 고르지 않은 흙길을 오르내리는 동안 삼백여 그루의 동백 터널을 지나왔다. 한낮이라도 그 수목의 터널에는 빛을 용납하지 않았다. 끝이 없던 터널의 끝자락에서 바라보이는 내도를 보며 비로소 숨을 돌리니 철썩거리는 파도 소리만 간간이 들려온다.

최근에 조금씩 알려지고 있는 공곶이는 팔순의 강명식 할아버지 부부가 손과 호미로 땀과 세월을 묻고 한평생을 바친 곳이다. '예구

마을' 어귀에는 알림판 하나가 달랑 있을 뿐이었다. 매표소도 없고 커피나 음료수를 파는 상점도 없다. 그곳은 철저하게 그들만의 성城이다.

그분은 수선화에 대한 일편단심으로 땅을 고르고 일구며 심고 또 심었다. 이만 평이나 되는 땅에서 스스로 머슴이 되었다. 오직 무릎으로 밭을 만들었고 그 대가로 그의 손가락 마디는 뒤틀리지 않은 곳이 없고 휘어진 등은 돌처럼 굳었다. 그리고 한 사람의 손끝에서 수선화는 빛을 내고 달빛처럼 고고하고 처연한 모습으로 긴 목대를 들어 너울너울 춤을 추고 있다. 그 자태에 스스로 포로가 되어도 좋은 행복한 남자가 그곳에서 끝없는 수선화 사랑에 빠져 있었다.

정호승 시인의 〈수선화에게〉라는 시가 생각난다.

새들이 나뭇가지에 앉아 있는 것도 외로움 때문이고
네가 물가에 앉아 있는 것도 외로움 때문이다
산 그림자도 외로워서 하루에 한 번씩 마을로 내려온다.

가만히 눈을 감아본다. 철썩이는 파도의 소리를 들으며 달빛 아래에서도 잠들지 않고 춤을 추고 있을 노란 수선화가 나의 마음에서도 다시 피어난다. 호젓한 곳에 피어있는 수선화를 보며 외로움이라는 단어를 찾아낸 시인의 노래가 바람을 타고 들리는 듯하다. 고요한 공곶이는 지금 봄의 향연이 벌어지고 있다.

그날에 있었던 일

시월의 어느 날이었다. 큰아들의 결혼식을 서울 양재동의 교육문화회관에서 갖게 되었다. 부모가 되어 처음 경험하는 자녀의 혼례는 신경 쓸 일이 한두 가지가 아니었다. 그러나 모든 의식은 간소화하자는데 양가가 합의하여 신랑신부는 작은 살림살이들을 준비하였다. 나는 이름 있다는 곳에서 큰마음 먹고 한복 한 벌을 예복으로 장만하였다.

부산에서 살던 우리는 시아버님께서 계시던 부천의 시동생 집으로 하루 일찍 올라갔다. 몸은 피곤하였지만 어린 아들과 함께했던 지나간 시간들이 영화의 필름처럼 지나가면서 만감이 교차하여 좀처럼 잠이 오지 않았다.

다음 날 우리는 서둘러 예식장으로 가야 했다. 원근 각처 특히 새벽부터 출발하신 부산의 하객들을 정중히 맞이하는 일은 혼주의 당연한 예법이기 때문이다. 그런데 시동생은 예식장이 그리 먼 곳이 아니라며 언제나처럼 느긋하였다. 조마조마한 마음으로 집을 나섰는데 이번에는 어린 조카가 보이지 않았다. 혼비백산한 식구들은 놀이터에서 무심하게 놀고 있던 아이를 겨우 찾았다. 시간이 십여 분 또 흘렀다.

가족을 태운 차가 외곽순환도로에 들어섰다. 이제 본격적으로 속도를 내야 하는데 길은 넘쳐나는 자동차로 꽉 막혀 앞이 보이지 않았다. 차는 가다 서다를 반복하지만 좀처럼 진전이 없다. 시간이 지나며 나의 속은 점점 시커멓게 타들어 갔다. 운전을 하는 시동생도 당황한 빛이 역력하였다. 핸들을 쥐고 있는 사람이 행여 더 큰 실수를 할까 봐 누구도 불평을 못 한 채 속으로만 끙끙거릴 뿐이었다.

설상가상으로 다른 사람에게 길을 묻던 시동생이 이번에는 양재로 들어가는 길을 놓쳐버렸다. 차는 결혼식장과는 정반대 방향인 경부고속도로 하행선 톨게이트를 지나치는 중이었다. 순간 정신이 아득해졌다. 이제 그대로 그곳을 통과하면 어디쯤에서 되돌아 서울로 다시 들어오게 될지 도무지 예측을 할 수가 없었다.

인생의 중요한 새 출발을 하는 오늘의 신랑인 아들은 어디까지 오셨냐며 오 분이 멀다고 전화통에 불을 댕겼다. 아들의 가슴도 나처럼 활활 타들어 가고 있을 것이다.

"어디세요? 부산에서 오신 분들은 제일 먼저 도착하셨는데요…."

"만약 시간 안에 못 오시면 저희들은 그냥 시작하고 가겠습니다!"

그 목소리는 마치 독립선언을 하는 듯 자못 결연하였다.

오늘이 어떤 날인가. 이제 비둘기 같은 두 젊음 한 쌍이 가정을 이루는 가장 성스럽고 아름다운 날이 아닌가. 아름다운 음악이 흘러나오고 이제까지 훌륭하게 자라난 사랑하는 아들과 어여쁜 신부가 모두의 축복을 받으며 가장 행복하게 출발을 하도록 도와주고 빛내주어야 하는 축제의 날이 아닌가. 기쁨을 함께 나누기 위해 마음을 다하여 찾아 준 친지들을 감사로 맞아야 하는 우리가 이렇게 대책 없이 늦어지고 있으니 하늘이 노랗게 보였다.

남편과 나는 일단 가족들이 함께 타고 있는 차에서 탈출했다. 나는 그 좋은 날 하늘빛 치맛자락을 휘어잡고 미친 듯이 달렸다. 남편은 예식에 사용될 식순서지와 식권이 든 두툼한 봉투를 양손에 들고 뛰었다. 헬기라도 있으면 부르고 싶었다. 돈이 얼마가 들어도, 아니 퀵서비스 오토바이라도 있다면 한복을 휘날려도 타고 갔으리라.

그러나 하행선은 물론 서울로 들어가는 상행선 어디에도 헬리콥터는 물론 빈 택시 한 대 없었다. 오직 한 대의 여유도 없이 일렬로 서 있는 자동차들이 끝없이 늘어서 있을 뿐이었다. 10월의 단풍나들이객들의 관광버스에다 결혼시즌을 제대로 맞은 차량 행렬로 주말마다 엄청난 교통체증이 일어나고 있는 사실을 현실로 처음 본 것이다. 나의 입안은 바싹 오그라들고 소태맛이었다.

그때다. 도로를 벗어 난 화단을 넘나들며 정신없이 뛰어다니던 남편이 소리를 쳤다. 외진 곳에 놀랍게도 복병처럼 파출소가 보이고 경찰이 한 명 밖으로 나오더란 것이다. 기막힌 사정 이야기를 듣고 무전기로 급히 차량 조회를 하였으나 달리 방법이 없으니 무조건 경찰차를 타라고 하였다. 황급히 파란 하늘색 치마를 한 손으로 쓸어 담고 버선발을 차 안으로 밀어 넣자 요란한 사이렌을 울리며 차는 고속도로 갓길로 들어섰다. 나의 인생에 그날처럼 간절한 기도를 드린 적도 별로 없던 것 같다.

결혼식장을 20여 분 거리에 두고는 경찰차도 거의 움직이지 않았고 사이렌도 소용이 없었다. 머리 위에서 울리던 요란한 사이렌 소리도 멈추고 자동차의 바퀴도 멈춘 차 안에서는 시계의 분침만 째깍거리고 있을 뿐이었다. 얼마 되지 않는 짧은 그 시간이 길고 긴 터널처럼 아득하게 느껴졌다.

그때 기적처럼 경찰차 뒤로 빈 택시 한 대가 보였다. 그 차를 타시면 되겠다며 고마운 경찰들은 우리를 택시로 보내주었다. 우리나라의 경찰이 그토록 따뜻하고 가까운 자리에서 살뜰하게 도와주었으니 무엇으로라도 절절한 고마움을 표현하고 싶었다. 그러나 대한민국의 경찰들은 끝내 사양하며 떠났다. 우리는 또다시 택시로 옮겨 탔고 절묘한 시간에 식장 안으로 튀어 들어갈 수가 있었다. 애를 태우며 발을 구르던 많은 친지들이 덩달아 가슴을 쓸어내리며 박수를 치며 격려를 했고 아들의 결혼식은 곧 시작이 되었다. 아들은 지금 열 살 딸아이의 아빠가 되어 있다.

가을이 되면 아찔하던 그날의 결혼식이 한 번씩 떠오른다. 안타까운 순간에 받은 도움을 시간과 함께 까맣게 잊어버리는 내가 부끄럽다. 꼭 한 번이라도 그분들을 찾아가서 진심어린 감사를 해야 했는데 빚진 마음을 덮어버리고 살고 있다.

나의 힘으로는 해결할 수 없는 절박한 때에 우리가 결혼식장으로 첩보작전처럼 이동한 것은 이제 무용담이 되었다. 세상을 살아가는 동안 위기가 어찌 그날뿐이겠는가. 돌이켜보면 내 힘으로 살아가는 것 같아도 가만히 생각해 보면 인생은 은혜가 아니면 살 수가 없는 것이다. 또 한 번의 가을이 깊어 간다.

양동댁

내가 그녀를 만난 것은 일 년 전 일이다. 그녀는 병원에 누운 채 이미 다섯 해를 보내는 중이다. 머리가 은백색인 할머니의 창 옆으로는 언제든지 쪽빛 바다가 들녘처럼 펼쳐져 있다. 푸른 바닷물 위에는 새로운 주인을 기다리는 하얀 배 두 척만 한가로이 몸을 흔들어 대며 느린 오후를 즐기는 모습이 보인다. 말하자면 병원에서 가장 멋진 병실에 누워있는 것이다.

그러나 그녀의 두꺼운 눈꺼풀은 언제나 꾹 닫혀 있다. 마치 더 이상은 그녀를 즐겁게 하는 것을 보고 싶지 않다고 말하는 듯하다.

어떤 이는 팔순이 넘은 이 할머니를 보고 '투덜이 어르신'이라고 부른다. 살아있다는 것 자체가 귀찮아 모든 것이 불만스러운 할머니의 말투 때문이다. 유난스러운 더위에 힘들었던 이번 여름에는 내려앉은 눈 주위가 다 짓물렀다. 육중한 몸은 간병인이 기저귀를 채워드리고 옷을 보송보송하게 매만져놓은 채로 미동도 없다.

그런 그녀가 어쩌다가 눈을 뜨고 정신이 돌아와도 문제였다. 내가 집으로 가서 할 일이 있으니 침대에서 내려 달라고 하며 "여보시오 거기 누구 없소?" 하고 종일토록 고함치기를 반복하면 한 방에 있던 환자들까지 머리를 절레절레 흔들고 병실 밖으로 피신을 가야 한다. 며칠이나 밥을 먹지 못했다고 말하는 것은 흔히 있는 일이다. 한 주에 한 번 오는 그녀의 딸들도 "어서 너희 집으로 가자."고 조르는 어머니의 말은 그저 지나가는 노랫소리로 듣는 듯하였다. 대부분의 시간을 죽음처럼 누워있는 그녀에게 식욕을 자극하며 끝까지 음식을 먹도록 하는 일이 중요한 일과 중 하나다.

그러한 그녀에게 어느 날 나는 고향을 물었다.

"내 고향은 양동마을이야."

그 소리는 깊은 우물 속에서부터 울려나오는 듯했지만 단호하고 분명하였다.

"우와 양동마을이요? 그렇게 멋진 곳이 고향이었어요? 그러면 이제부터는 양동댁이라고 불러야겠네요…."

"양동마을을 아나?"

"그럼요. 경주에서 조금 더 위쪽으로 올라가면 있는 아주 유명한 양반 동네잖아요? 그런 곳에서 사셨다니 정말 좋으셨겠네요. 양동마을 이야기 좀 해 보세요."

다음 날부터 아침의 첫 일과를 시작하며 나는 목소리를 한껏 높여서 "양동댁" 하고 인사를 했다. 침대에 꽉 차는 육중한 몸은 늘어진 채로 있었지만 얼굴에 희미한 웃음이 지나갔다. 세상이 귀찮다는 듯 끊임없이 눈을 감고 있다가도 큰 소리로 불러대는 나의 목소리에는 짐짓 한쪽 눈만 뜨고는 "왔나? 그런데 거기는 어디 댁인가?" 하며 인사를 하곤 했다. 많은 사람의 목소리 가운데서 들려오는 나의 목소리에 고개를 돌려 내 모습을 확인하기도 하고 며칠 쉬었다가 출근하면 "요즘 며칠 안 보이데." 하며 기다림의 속내를 보이기도 했다. 자신의 두 딸이 면회를 오면 나를 보고 양동마을을 어찌 아는지 잊어버리지도 않는다며 느리고 낮은 목소리로 설명을 해주기도 하였다.

손가락 하나 까딱하지 않는 양동댁과 함께 하는 점심은 오히려 즐거운 시간이었다. 한 숟가락 음식을 떠서 입에 넣어드리면 음식을 물은 채 끊임없이 이야기보따리를 풀어놓았다. 그렇게 시작된 수많은 사연은 사라져간 그녀의 기억 속에서 하나하나 살아나왔고 우리는 함께 옛 양동마을로 시간 여행을 가는 것이었다.

오래전 양동마을 다녀왔다. 내가 가던 날 그 고즈넉한 마을은 너무도 적막하였고 붉은 능소화만 이끼 낀 담장을 넘고 있었다. 오백여 년을 묵묵히 대를 이어가던 기와집과 옛사람들이 살았던 옛터에는 서글픈 바람만 지나가는 것 같았다.

한낮의 마을은 한 바퀴 돌아 나오도록 인적이 없었고 빛바랜 툇마루에 하얀 고무신 한 켤레만 자리를 지키고 있었다. 빈 마당을 돌아보았다. 여러 세대가 머물다가 떠나간 집터였기에 그 허전함은 더욱 쓸쓸했다. 지나가는 바람처럼 한 자락 여인의 옷자락이 집터를 돌아나갈 것만 같았다.

양동마을에서는 전통을 자랑하던 어른들이 풍류를 즐기며 관가정에 모여 시조를 읊었을 것이다. 여인들의 삶은 고단해도 격조가 있었고 하인들을 다스리며 자신의 아이들을 길렀다. 그때도 여전히 저물어 가는 풀섶에는 귀뚜라미와 풀벌레가 울었다. 누군가는 그 시절의 소리를 사무치게 재현하고 싶어서 날이 저물어 가는 관가정에서 한판의 국악을 담아내어 '여창가곡'을 만들고 전 세계에 알렸으니 양동마을의 멋은 그 깊이가 어디일까.

어느 날 유난스레 며칠 밤과 낮으로 좀처럼 꿈쩍을 하지 않는 그녀가 걱정이 되었다. 그러나 다행스럽게도 전체적인 몸 상태는 그리 나쁘지는 않았다. 나는 짐짓 장난기가 발동했다. 그래서 그녀가 눈을 뜨도록 기다리며 다급한 듯 큰소리로 이름을 불렀다 .

"양동댁! 양동댁! 양동댁!"

그러자 눈도 뜨지 않은 그녀의 입에서 거문고의 울림처럼 깊고, 들판을 휘돌아 나온 바람처럼 낮은음이 흘러나왔다.

"양동댁! 양동댁! 내가 부르다가 죽을 이름이여!"

그 소리를 듣는 순간 나는 뒤로 넘어갈 뻔했다. 이제 삶을 다 놓고 싶도록 달려온 팔순이 훨씬 넘는 양동댁의 영혼 속에 이처럼 멋진 시 한 수가 나올 수 있다는 사실에….

인생의 길을 가며 오래도록 추억할 것이 있는 사람은 행복하다.

양동댁은 오래전 고향을 떠나왔지만 여전히 가장 자랑스럽고 행복하고 풍요로웠던 양동마을에 머무르고 있는지도 모르겠다.

삿갓배미

여름이 깊다. 담장을 뛰어넘은 능소화의 붉은 자락이 춤을 춘다. 배롱나무에 매어 달린 작은 꽃잎들이 앙증맞은 손을 흔든다. 남도 길은 어디를 보아도 꽃길이다. 그러나 머지않아 황금 들판을 머리에 이고 가을이 저만치서 잰걸음으로 걸어오고 있을 터이다. 짧은 틈을 내어 여름 다도해 바닷길을 달려본다. 한없이 평화로운 마을들이 그림처럼 이어진다. 남해는 언제나 어머니처럼 마음을 열어준다.

독일마을을 보고 싶었다. 머나먼 이국땅에 젊음을 바친 여인들이 돌아와 안긴 고국의 품을 그들과 같은 심정으로 느껴보고 싶었다. 대한민국의 가장 아름다운 길 중의 하나인 물미해안도로를 따라 펼쳐지는 풍광은 어디쯤에서 발을 멈추어도 고즈넉하고 평화롭다. 어느덧 파란 먹물을 풀어놓은 것 같은 바다를 향해 자리를 잡은 독일마을에 들어섰다.

마을에는 같은 모양의 집이 없다. 그럼에도 서로 조화롭다. 하이델베르크하우스, 괴테하우스, 겔베하우스라는 각각의 이름을 달고 바다를 바라보며 한가로이 앉은 집들이 넉넉하다. 고국보다도 더 오랜 시간 머물던 땅에서 나그네의 삶이 농익어 만들어진 또 하나의 독일마을이다.

이곳은 2001년부터 터를 닦고 수고로운 삶을 살아 온 이들에 대한 예우로 만들어진 곳인데 마치 한가로운 독일의 어느 시골처럼 보인다. 따스한 붉은 지붕과 담담한 하얀 벽, 집안이 훤히 들여다보이는 나지막한 울타리 안에 꿈꾸듯 아담한 마당이 보는 이의 마음을 여유롭게 한다. 그중 정원이 제일 예쁜 집 앞에서 잠시 걸음을 멈추었다.

마침 집안에 있던 부부가 나온다. 독일인 남편이 “안녕하세요?”

라고 먼저 전혀 낯설지 않은 한국말로 나에게 인사를 한다. 혹시 하루를 머물고 갈 수 있는지를 물었더니 자신들은 민박은 하지 않는다고 말했다. 그러나 일 년의 절반은 독일에서 보내고 절반은 아름다운 이곳에서 보낸다고 했다.

세월을 담은 초로의 부인은 초면의 나에게 전화를 하며 울다가 나왔노라며 말했다. 꿈을 꾸듯 예쁜 마을에 살면서 아직 그녀는 못다 핀 생의 눈물이 남아 있는가 보다. 어쩌면 머나먼 독일에 남겨두고 온 사랑하는 이들에 대한 애틋함이 안식을 하는 그녀의 마음에 파문을 일으켰을까. 고국에서는 또 다른 먼 곳을 그리워하고, 타국에서는 또 쉽게 다가갈 수 없었던 어머니의 땅이 마냥 그리웠을 것이다. 그리움이란 닿을 수 없는 안타까움과 연민으로 이어지고 생을 마치는 순간까지 집요하게 마음의 밑바닥에서 살다가 그처럼 수면 위로 떠오르는 것일까. 우리의 인생이란 희로애락의 끝이 없는 이음줄의 연속인지도 모르겠다.

대한의 딸들은 그 시절 참으로 용감했다. 꽃 같은 여인들이 오래 전 멀고 낯선 이방을 향하여 떠났고 녹록지 않은 세월을 지냈다. 병원의 현장에서 밤낮을 가리지 않고 모두가 피하는 험한 일도 마다

하지 않았다. 뼛속까지 밀려오는 고독의 시간을 녹이며 절절한 그리움의 대가代價로 1억 마르크의 외화를 벌었다. 그것은 그 당시 우리나라 총 수출액의 30%를 차지하며 대한민국의 경제를 일으키는 힘이 되었다. 고 박정희 대통령이 독일을 찾아 수고하던 파독 간호사와 광부들을 만나 위로할 때 영부인은 젊은 여인들의 손을 잡고 눈물로, 그녀들을 안았다. 젊음을 이국땅에 바치고 이제는 돌아온 그녀들이 배롱나무꽃처럼 그대로 행복하면 좋겠다.

다랭이마을로 들어섰다. 이 마을은 설흘산이 병풍처럼 둘러있고 요새처럼 외딴곳이다. 산줄기를 따라 달음질치는 물줄기는 삿갓배미들을 넉넉하게 먹이며 바다로 멈추지 않는 물줄기를 보내고 있다.

인적 드문 깊숙한 어촌마을이었지만 오늘은 삿갓배미예술제를 찾은 아이들로 활기가 넘쳐난다. 신라 신문왕 때부터 사람들이 뿌리를 내렸다는 땅, 변변한 배 한 척 없던 빈촌이 이제는 가장 한국적인 어촌으로 알려져 어린아이들을 데리고 젊은 부부들과 외국인들도 특별하게 찾는다.

시간이 많이도 흘렀다. 올망졸망한 아이들을 보니 나의 아이들이 몹시 그립다. 함께 보내던 시절들은 꿈결처럼 아득하다. 넉넉하지 못한 살림에 먼 곳의 명소나 화려하게 제대로 한번 놀게 해주었던 기억도 별로 없다. 그래도 좁은 둥지에서 함께 뒹굴었던 두 아들이 눈에 밟힌다. 아쉬움은 남편 쪽이 더한 것 같다. 그때가 참 좋았는데, 라고 자꾸 말하는 그의 옆얼굴이 오늘따라 쓸쓸하게 느껴진다. 그런 남편에게 나는 "지금도 참 좋은 시간이랍니다."라고 말하지만 나 역시 어린 아들들과 함께 보낸 추억이 그립기는 매한가지다.

벼이삭들이 춤을 춘다. 멀고 먼 바다로부터 오는 바람에 삿갓배미 위에서 한바탕 벼이삭들은 신명이 난다. 바람이 깃털처럼 부드러웠다. 비탈진 언덕에서 논들은 손바닥 같기도 하고, 방석 같기도 하고, 치마폭만 하기도 하다가 구불구불 수를 놓아간다.

이곳은 가파르고 아주 협소한 언덕배기 터가 되어 기계가 일할 수 없는 땅이다. 오직 농부의 손으로만 일궜다는 삿갓배미가 앉은 모습처럼 어질다. 부지런하고 착한 사람들의 땀방울이 심었고 한결 같은 태양볕의 어루만짐으로 올곧게 자라난 벼이삭들은 거칠게 불어오는 폭풍우 속에서도 실한 알곡들을 열었다. 한 땀, 한 땀 바느질하듯 빚어가는 나의 삶도 착하고 실한 삿갓배미를 닮은 터가 되기를 기다려보자.

파도는 연신 몽돌을 어루만지며 왔다가 다시 돌아간다. 소박하고 욕심 없어 거룩하기까지 한 땅이다. 마을의 중턱에 바라만 보아도 아들을 낳는다는 전설 담은 한 쌍의 바위가 우뚝 솟아있다. 한 사람의 생명이 그렇게도 소중하였던 이 척박한 땅에 생명에 대한 갈망을 간절히 소원하였던 우리 조상들의 기도가 세워졌나 보다.

고즈넉한 저녁, 쪽빛 바다 끝자락에서 그림이 시작되었다. 쌍무지개다.

어떤 그림, 어떤 시

지구 저편에서 돌아왔다. 산자락과 거대한 산맥들이 이어지는 원초의 자연에서 잠시 돌아와 숨고르기를 한다. 인적 없는 초원에서 양과 소와 말들이 뛰어노는 중앙아시아는 거칠지만 아름답다. 오늘은 야성의 땅과는 전혀 다른, 살갑고 익숙하고 어느 골목이라도 정겨운 내 나라의 중심을 찾아간다.

모처럼의 한양 나들이다. 아주 특별한 시화전을 위해 가는 길이다. 8월의 한낮이건만 인사동 거리에는 수많은 사람이 모였다. 서울 거리 어느 곳보다도 여유롭고 편안하게 보인다. 인사동은 한국적

멋이 많이 남아있는 곳이다. 독특하고 오래된 한국의 전통거리이다.

이곳은 조선시대 그림에 대해 일을 하는 관청 도화서가 있어서 한국전통회화의 요람이 되는 곳이다. 궁궐을 드나드는 대감들의 집과 상인들이 살아가던 마을이었다. 전의감이라는 조선시대 궁중에서 쓰는 의약을 제조하고 약재를 재배하던 곳도 이곳에 있었다. 바로 지척에 임금께서 상주하던 경복궁과 운현궁이 있었고 상류사회로 들어가는 귀한 그림과 물건들이 거래되던 곳이다. 지금도 청와대가 지척이다. 어디 그뿐이랴. 한때 〈귀천〉을 노래하던 시인 천상병의 아내가 운영하던 찻집이 그 이름으로 여전히 골목을 지키고 있다.

흙으로 빚은 찻잔들, 예쁜 헝겊 액세서리, 우리의 문양으로 만든 부채들, 색색의 향주머니, 대나무로 빚은 정갈한 젓가락 등, 어여쁘고 오래된 것들로 가득하다. 어느 지혜로운 여인들의 손끝에서 빚어지고 세상 밖에 나오는 것들이다. 잊혀져가는 문양들에게 생명을 입히고 옛것에 대한 소중함을 새록새록 일깨워가는 장터가 현대와 어울려 시간을 뛰어넘는다.

어느 때 보았던 것일까. 한복을 곱게 입은 청춘남녀들이 조신하게 거니는 모습도 사랑스럽고 삼삼오오 여유로운 오후를 거니는 사람들의 풍경이 어우러져 살아있는 풍경이다.

나는 한 작은 갤러리를 찾아내느라 길을 좀 헤맸다. 어쩌면 한편으로는 거리를 헤매는 것을 즐기고 있었다고 해야 할 것 같다. 이리저리 거리를 기웃거리다 드디어 작은 갤러리 앞에서 발을 멈추었다.

출입문 옆에는 연한 하늘빛 시집들로 창문을 장식한 아주 조그마하고 아담한 곳이었다. 그 안에서는 구성지고 가냘픈 운율의 해금가락이 흘러나오고 있었다. 길목에 몇몇의 친지들과 갓 피워낸 해당화를 닮은 젊음도 보였다. 모인 군중들 틈으로 짐짓 보니 키르기스스탄의 설산에서 산다는 눈표범처럼 하얀 머리를 쓸어 올린 분이 해금 가락에 맞추어 너울너울 춤을 추고 계셨다. 오늘의 주인공 황여사다. 그 옆에는 중절모를 눌러 쓴 노신사가 소년처럼 수줍게 바라보고 계셨다. 막내동서의 친정아버님이셨다.

팔순을 훌쩍 넘긴 여사는 부러울 것이 없는 여성이었다. 비록 남편이 이 땅을 떠난 후에 홀로 가장이 되었지만 열정을 다해 꿋꿋이 어머니의 자리를 지켰다. 유난히 그림에 뛰어난 재능을 가진 딸을 프랑스로 유학을 보냈고 아낌없이 뒷바라지를 하였다. 그 딸은 지금 미술계에서 활발하게 활동을 하고 있다.

매사에 활달하고 적극적인 성격으로 거침없이 달려 온 그녀가 뜻하지 않은 신부전증 진단을 받았다. 혈액투석을 시작하면서 황 여사의 삶은 이전과는 전혀 다른 길을 걷게 되었다. 아프고 서럽고 고독한 시간들이 이어졌다. 이번에는 딸이 어머니에게 붓을 쥐여드렸다.

처음에는 내가 무슨 그림을… 하던 그녀였다. 그러나 고통을 이겨내야 하는 시간을 받아들이며 아주 작은 것들, 까맣게 잊고 살았던 작은 생명들, 그동안 미처 느끼지 못하던 세상의 소소한 아름다운 것들을 바라보기 시작했다. 세상은 너무 아름다웠다. 선을 긋고, 색을 입히고, 돌과 꽃들을 담아내기 시작하였다. 그러자 길에 있던 작은 풀들과 빈 것 같던 벌판들도 그녀에게서 생명을 얻어 세상 밖으로 천천히 나왔다. 그렇게 하나하나 모여진 그림들을 화가인 딸이 오늘 어머니의 손을 잡고 길을 열고 있다.

막내동서 아버님 김상택 시인은 여사와 피란시절 친구이시다. 시인은 6 · 25전쟁으로 인해 북에서 혈혈단신 피난길에 오른 후 다시는 고향으로 돌아가지 못하셨다. 피붙이 하나 없던 땅에서 남편으로, 아버지로서 가족을 부양하며 한길을 살아오신 그분의 속울음들이 시가 되었다. 그 언어들이 자녀들의 손에 이끌림을 받아 오늘 세상 밖으로 걸어 나오는 것이다.

사람의 일생에는 모두가 사연이 있다. 아흔을 바라보고 있는 두 분은 각자가 다른 가정을 이루고 있었지만 오래된 친구로서 삶의 끝자리를 한 사람은 시인으로, 한 사람은 화가로서 다시 태어나며 생의 획을 긋는 날이다. 이 어찌 아름답지 않겠는가.

어쩌면 두 분에게 내일이라는 날들을 기약하기에는 너무 벼랑 끝처럼 느껴진다. 남은 시간들이 한 줌보다 가볍다는 것을 모두가 알고 있다. 그러나 그렇게 지나가는 자리에서 감사하며 따뜻한 눈으로 바라보는 것들이 한 줄의 글과 한 포기 꽃들로 살아서 오늘이 되었다. 그래서 마음을 따스하게 하는 그런 그림, 그런 시가 오늘 고운 빛을 입고 나오는, 참 좋은 날이다.

나의 독자讀者

오랜만에 어머니에게 안부를 여쭙는다. 같은 하늘 아래에서 자주 찾아뵈지도 못하는 딸의 마음이 늘 송구스럽다. 아흔을 넘은 어머니에게서 돌아온 대답이 꽤나 명쾌하다. 시니어스쿨에 다녀오셨다는 것이다. 처음에는 그 말씀을 알아듣지 못했다. 다시 여쭈어보니 교회에서 운영하는 노인대학에 다녀오셨다는 것이다.

요즘은 예전에 비해 인간의 수명이 많이 연장되었다. 학자들의 말을 빌리면 한국은 일본의 경우보다 더 빠르게 고령사회로 들어가고 있다는 예측을 한다. 그래서 노후의 삶을 어떻게 보내는가 하는 것이 큰 사회적 문제가 되고 있다. 지금의 노인 연령층은 대부분 젊은 시절 치열한 삶을 보낸 세대이다. 오늘의 한국을 만들어 낸 중심의 역군들이다. 그러나 돌아오지 않는 길 위에서 점점 소외되고 외로워지는 것이 사실이다. 무료한 시간이 많아지는 노인 세대들을 위해 어머니께서 출석하는 교회에서 매주 목요일마다 노인 프로그램이 열린다. 그 프로그램을 영어로 당당하게 소개하셨던 것이다.

나의 어머니는 본디 학문이 없으시다. 자신을 위해서 학교의 문턱에도 가 본 일이 없다. 황해도의 작은 해변에서 태어난 어머니는 마을 서당 훈장의 딸이었다. 그러나 완고한 외할아버지께서 여자아이를 공식적인 학교에 보내는 것에 반대하셨던 것 같다. 남자아이들이 모여 공부할 때 어린 소녀는 어깨너머로 천자문을 익혀서 읊조리곤 했다. 어머니가 한글을 익힌 것은 순전한 독학이다. 그렇게 배운 글씨가 이리저리 춤을 추었다. 어쩌다가 헌금 봉투에 감사의 내용을 적을 때면 어머니는 필체가 부끄러워 어린 나에게 대신 적게 했다. 나는 즐거이 어머니를 대신하여 꼼꼼한 글씨로 써 드렸다.

그때마다 어머니는 만족스러워하셨다.

어머니는 자신이 공부할 기회를 얻지 못한 것이 한이 되어 딸들에게는 어떻게든 공부를 시키고 싶어 하셨다. 덕분에 그리 넉넉하지 못한 살림에도 네 딸들의 학업을 모두 뒷바라지하셨다. 지금은 둘째딸의 가족과 함께 지내고 계신다. 어린 삼 남매를 돌보시고 바쁜 딸을 위해 필요한 살림까지도 도와주고 계신다. 고목과 같은 육체가 힘에 부치기도 하련만 그 일은 어머니의 정신과 건강을 지탱하는 힘이 되기도 하는 것 같다. 오늘까지 건강이 주어진 것은 필요한 곳에서 돌봄을 주라는 사명이라며 활기차게 말씀하신다.

한때 꽃답던 어머니의 얼굴은 세월의 깊이로 고랑이 파였지만 그러나 아직은 하루의 걸음이 바쁘다. 가사를 돌보는 일도 녹록지 않으신데 틈틈이 성경 필사를 하고 계신다. 창세기부터 쓰기 시작한 것이 거의 마무리를 하는 단계까지 이르렀다. 필사를 한 노트가 세월의 무게처럼 두툼하다. 그렇게 오랜 시간 소리를 내어 한 자 한 자 성경을 써 내려가는 시간은 또 하나의 기도라는 생각이 든다. 그 기도를 모아 세상에 남을 자녀에게 남기고 싶다는 어머니의 하루해가 짧다.

교회의 규모가 작지 않다 보니 시니어스쿨은 아주 인기가 있다. 보통 삼백여 명 정도의 어르신들이 모인다고 한다. 따뜻한 점심 식사는 물론이며 계절마다 가까운 곳으로 나들이도 시켜주고 있다. 그렇게 사용되는 경비를 비효율적이라며 어머니는 그리 반기는 것 같지도 않다.

노모老母의 관심은 다른 곳에 있다. 전 세계에 흩어져 있는 선교지의 소식을 훤히 꿰뚫고 있고 유명한 목사님들에 대한 정보가 나보다도 더 많다. 물이 없어 더러운 물로 목을 축이는 아이들에 대한 연민은 끝이 없어 아흔의 나이에도 눈가에 이슬이 맺힌다. 한 조각 빵이 없어 흙으로 과자를 만들어 먹는 지구촌의 아이들로 인해 늘 마음이 아프시다. 아마도 일찍 선진문물의 혜택을 받으셨더라면 나의 어머니는 보다 가치 있는 것에 자신의 삶을 던졌을 것 같다.

하여튼 노모의 하루가 바쁘다. 그런데 요즘 작은 즐거움이 한 가지 생기셨다. 그것은 큰딸이 얼마 전 졸필을 갖고 수필 한 편 실린 책이 나온 것이다. 나의 첫 등단작이 실린 동인지였다. 그것은 마치 싸라기눈처럼 아주 작은 글 하나가 세상에 나온 것이지만 어머니께서는 누구보다 기뻐하고 자랑스러워하신다.

그리고 나의 독자 나의 어머니는 그 글을 읽고 또 읽고 계신다. 성경책 다음으로 중요하게 나의 책을 머리맡에 두고 읽고 계신다. 대단한 작가도 못 되건만 그저 자신의 딸이 썼다는 이유만으로 행복해서 읽으신다. 나의 독자가 살아계실 동안 제대로 된 글 하나 남겨 기쁨을 안겨드려야 할 텐데 게으를 뿐 아니라 글이 서툴러 오늘도 나는 빈 원고지만 붙들고 있다.

너의 이름이 무엇이냐?

세상에 있는 모든 것은 저마다의 이름이 있다. 이름이 없는 것이란 없다. 다만 우리가 아직 모를 뿐이다. 나는 오래도록 나의 이름이 마음에 들지 않았다. 종례宗禮. 좀 딱딱한 느낌도 들고 세련되지 않은 듯했다. 가장 높은 수준의 예로서 높은 가치의 아름다움이 있다고 하는 의미이다. 그러나 어쩌다 같은 이름을 가진 사람을 만나기라도 하면 더욱 기분이 좋지 않았다. 그래서 솔직히 말하자면 예쁜 이름을 가진 친구들이 부러웠다. 그러한 생각이 변하기 시작한 것은 그렇게 오래되지 않았으니 이름에 대한 아쉬움을 거의 평생 가진 것이라고 볼 수 있다.

사람은 세상에 태어나면서 자신의 이름이 생긴다. 요즘 젊은 부부들은 잉태와 함께 사랑스러운 이름으로 태명을 지어 아이를 불러준다. 일생을 사는 동안 언제나 어디서나 이름은 함께 살아간다. 그 사람이 생을 마칠 때까지 유효하며 어쩌면 이 세상을 떠난 후에도 그가 어떤 삶을 살았는지에 대한 기록으로 남기도 한다. 위대한 문호 셰익스피어가 이 땅을 떠난 지 올해로 400년이 되는 해이다. 그가 남긴 희곡과 주옥같은 글들은 위대한 작품이 되어 살아있으며 그 이름을 모르는 이가 없다. 그의 이름은 역사에 분명한 획을 그었으며 영원히 살아있다.

이렇게 이름이 갖는 생명력은 우리가 생각하는 것보다 훨씬 길고 질긴 것이다. 사람의 생애보다도 더 오래도록 남기도 한다. 그래서 많은 부모들은 자신의 핏줄을 이은 생명이 평생을 살아가며 사람들에게 불려질 이름을 위해 오랫동안 고심하게 된다.

나 역시 아기를 기다리며 오래도록 그 이름을 생각해 보았다. 남편과 사전을 펼쳐놓고 뜻이 깊고 부르기에 좋은 이름을 여러 장 찾아두었다. 그러나 장손에게 시댁 어른들께서 항렬에 따른 이름을 이미 만들고 기다리고 계셨다. 어쩔 수 없이 나는 아들의 이름에 대한 집착을 놓을 수밖에 없었다.

살다가 보니 내게 이름이 하나 더 생겼다. 나의 영어 이름은 사라Sarah이다. 호주에서 잠시 지내는 기간이 있었다. 어려운 한국 이름 대신 그들이 부르기 쉽고 어감도 예쁘고 의미가 있는 영어 이름을 무엇으로 할까 잠시 고민하다가 아브라함의 아내였던 사라를 기억했다. 그리고 그 예쁜 영어 이름을 나의 것으로 만들었다. 나는 그 이름이 마음에 든다. 사람들도 좋은 이름이라고 말해주니 평생의 한이 좀 풀리는 것도 같다.

호주에서 잠시 머무는 동안 아름답고 풍요로운 자연환경과 평화로움을 보았다. 어스름 저녁이면 가족들을 거느리고 푸른 풀밭으로 나오는 왈라비와 캥거루를 만나는 일상, 한국에서 보지 못하던 화려한 색채와 다른 목소리를 가진 새들을 보았다. 그곳은 종종 조류학자들과 사진작가들이 찾아왔다. 멀고 먼 시베리아로부터 날아와서 잠시 한가로운 쉼을 갖고 있는 아주 작은 새들에게도 사람들은 이름을 불러주었다.

이름은 존재의 실체이다. 한국에서는 처음 만난 사람의 이름을 잘 몰라도 얼마 동안은 문제가 되지 않는다. 우리는 때로 서로가 친근해지기 전까지 이름을 꼭 부르지 않아도 살아갈 수 있다.

서양은 좀 달랐다. 호주에서 나는 언제나 만나는 사람들의 이름을 기억해야만 했다. 왜냐하면 그들은 나의 이름을 항상 물었고 또 불러주었기 때문이다. 모든 것이 낯설었지만 사람들은 언제나 따뜻하게 다가왔다. 한 주에 한 번 정도 만나는 호주 교회에서도 많은 사람들이 나를 기억해주었다. 그래서 나는 언제나 메모를 하여 사람들의 이름을 기억하고 다음에 만나면 이름을 불러 친근함을 갖도록 노력했다.

이름은 존재에 대한 인정함이다. 그리고 불러주는 누군가가 있어야 한다. 상대를 기억해주고 한 사람의 삶을 이해하고 받아들이는 일이다. 김춘추 시인은 '내가 그의 이름을 불러 주었을 때 비로소 그는 나에게 와서 꽃이 되었다'고 노래한다.

이름을 부른다는 것은 내가 너를 안다는 것이다. 성경에서 때때로 사람들은 "너의 이름이 무엇이냐?"고 묻고 있는 하나님의 질문을 만난다. 그중에 야곱이라는 인물이 있다. 사랑하는 아버지에게 거짓말을 하면서까지 장자권이 주는 축복에 대해 집착을 하던 인물이다. 그가 험난한 세월을 보내고 난 후 가장 절망적인 시간에 절대자의 질문 앞에 선다. 물론 전능하신 분께서 그의 이름을 몰라서 묻는 것은 아니다. 그분은 정체성에 대한 질문을 하고 있는 것이다. 그리고 난 후 그의 이름을 바꾸어주신다.

"너를 이스라엘이라 부르리라."

자신에게 유리한 기회를 위해서는 수단방법을 가리지 않던 죄 많은 한 인간에게 찾아오셔서 그의 존재의 가치를 존귀하게 만들어주시는 순간이다. 추하고 연약한 인간을 사랑하고 용서하시며 삶의 전환점이 되도록 허락하시는 순간이다.

비록 문화가 다르고 생활환경이 달라지더라도 가장 중요한 것은 한 번 뿐인 소중한 인생을 어떻게 살고 있는가를 기억하는 것이다. 진정한 나의 나됨이 무엇인가 생각하며 나는 다시 나에게 묻는다.

너의 이름이 무엇이냐?

매실 익어가다

6월이면 점을 하나 찍는다. 매실을 담그는 일이다. 올봄에 나는 꾸물거리다 시기를 놓쳤다. 인터넷으로 구입할 계획이었으나 유난히 작황이 좋지 않은 올해에는 품절, 예약 마감이라는 문구만 보였다. 그제야 발등에 불이 떨어진 것처럼 서둘러 재래시장을 나갔다.

얼마 전까지 자루에 가지런히 담겨 "제발 나를 데려가 주세요." 하고 말하던 작은 매실이 보이지 않았다. "우물쭈물하다가 내 이럴 줄 알았다."고 썼던 버나드 쇼의 묘비명을 중얼거리며 시장을 샅샅이 돌다가 6월의 마지막 날 겨우 한 자루를 샀다. 그 다음날 혹시나 하고 다시 시장을 나가 몇 바퀴를 돌았다. 다행히 어느 한 집에 초록 알맹이들이 몇 자루 보였다. 초록의 선명함이 싱싱하고 알도 실하여 마치 값진 보물이라도 찾은 기분이었다. 주인은 없어서 못 판다며 한 푼도 깎아주지를 않았다. 값을 두고 한참 실랑이를 하다가 결국 한 자루에 6만 원을 주고 안고 왔다. 매실 정말 귀하신 몸이다.

결혼 전 친정아버지께서 남편을 앉혀놓고 하신 말씀이 있다.

"송 서방, 예로부터 뚝배기보다 장맛이라는데 딸아이가 음식솜씨가 없으니 어쩌나?"

밖으로만 돌아다니던 나는 음식이나 살림에는 별 관심이 없었다. 된장찌개 한번 제대로 만들지 못했다. 못 미더운 딸을 시집보내며 사위에게 미안하셨던가 보다. 나는 요리책 한 세트 사들고는 왕초보 주부가 되었다.

결혼 후 몸이 허약한 '남편 살찌우기 일 년 계획'을 세우고 첫 도전을 했다. 가장 쉬운 일이려니 자신만만하던 꿈은 여지없이 깨어졌다. 지금까지 살아오면서 남편의 체중을 단 1kg도 올려놓지를 못했다. 신통치 못한 음식솜씨 탓도 크지만 입이 짧은 남편은 적게 먹고 많이 움직이며 잠은 토끼처럼 잔다. 게다가 육류는 질색이요, 고작 찾는다는 것은 천지에 널린 풀뿌리만 찾는다. 그나마 큰 병치레 안 하고 오늘까지 잘 살아온 것이 그저 감사한 일이다. 송 서방이 유일하게 찾는 것은 소박한 밥상과 식후에 소화를 돕는 달콤한 매실 주스 한 잔이다.

몇 년 전 일이다. 그날 나는 당직을 마치고 늦은 시간에 집으로 돌아왔다. 다음 날은 동료의 결혼식을 축하하기 위해 서울을 가야 했다. 이른 새벽 집을 나서야 했다. 그런데 며칠 동안 지리산 순방을 다녀온 남편이 밤이 늦은 시간에 웃음을 귀에 걸고 나타났다. 목소리에 잔뜩 힘을 주고 자랑스럽게 차의 트렁크를 열어젖혔다.

"당신 주려고 이 매실을 모두 샀지…."

트렁크 안에는 족히 한 가마니쯤은 될 매실인지 살구인지 구별도 못할 알맹이들이 향기를 뿜고 널브러져 있었다.

지리산 골짜기를 지키는 시골 목회자들을 만나고 오는 길이었다. 그중 어떤 분이 일 년 동안 애지중지 기른 매실이 판로가 없어 애를 태우는 누군가의 수확물을 가득 싣고 오셨단다. 모인 분들과 함께 매실이 잘 팔리기를 열심히 기도하였다. 그리고 매실은 그 자리에서부터 팔려나갔고 나머지 남은 물건은 남편이 모두 샀다고 한다. 그리고 자동차의 트렁크 안에서 매실은 며칠 또 익어갔다. 만약 하룻밤만 더 넘긴다면 매실은 모두 살구처럼 색이 변할 것만 같았다. 더 이상 시간이 없었다.

급히 가까운 이웃들에게 한 바구니씩 매실을 담아 보냈다. 그리고도 남아있는 것이 산더미였다. 나는 팔을 걷어붙이고 알맹이를 씻었다. 시계는 밤 12시를 알렸지만 일은 끝이 보이지 않았다. 팔의 힘은 점점 빠지고 반비례하여 남편에 대한 원망은 부글부글 끓어올라 급기야 폭발을 했다.

"도대체 이게 뭐예요! 매실을 사도 어느 정도껏 사 와야지요."

한번 화를 내기 시작하자 나의 잔소리는 멈추지가 않았다. 처음에는 마냥 행복하던 착한 남편이 나의 바가지로 인해 드디어 목소리가 천둥소리가 되었다.

"에잇! 내가 두 번 다시 매실을 사 오는가 봐라!"

함께 팔을 걷고 옆에서 애써 돕던 그가 뒤도 돌아보지 않고 들어가 버렸다. 뒤처리는 또 고스란히 나의 몫이 되었다.

다음날 새벽에 출발한 서울 나들이는 자정이 되어서 부산으로 돌아왔다. 그때부터 다시 매실과의 전쟁이 시작되었다. 주황색으로 익어버린 왕 알은 잼을 만들고 그보다 작은 알맹이는 술을 만들었다. 살이 무른 것은 씨를 도려내어 장아찌로 만들고, 그나마 상태가 좋은 것만 설탕으로 덮어버렸다. 매실 공장은 한밤중까지 멈추지 않았다.

자신은 아주 선한 일을 했다지만 원망과 비난을 받아야 하던 남편도 거들지 않을 수 없었다. 유리병이 하나둘 셋 채워지고 집안에서 잠자던 항아리들이 모두 나왔다. 김치 냉장고의 통에 꽉꽉 눌러 담았다. 동이 틀 무렵 이 전투는 끝이 났다. 두 번 다시 매실은 쳐다보고 싶지도 않았다. 그렇게 나에게 구박을 받던 매실이 묵묵히 익어갔다. 그리고 익어가며 향기롭고 달콤한 보약이 되어주었다. 잘 익은 매실액은 친지와 가까운 분들과 넘치도록 나누고 잘 삭은 고추장 매실장아찌는 밑반찬으로 행사 때마다 으뜸 메뉴가 되고 있다.

세상에는 매혹적인 음료가 흘러넘친다. 한 잔만 마셔도 온몸으로 짜릿하고 행복하게 만드는 영롱한 색채의 음료들이 어린아이로부터 어른까지 유혹을 한다. 그러나 주부의 손끝에서 까다롭게 고르고 시간을 달여 낸 전통 음료는 시중의 상품들과는 의미가 다르다.

이른 봄 향기를 날리는 매화는 사군자四君子의 하나로 고결함과 청결을 나타낸다. 눈 속에서도 추위를 이겨낸다고 하여 한중매寒中梅 또는 설중매雪中梅라고도 하는 예사롭지 않은 꽃이다.

봄 학기가 시작되는 어느 날 다도의 멋을 즐기는 문우님이 매화 꽃차를 내려 선을 보였다. 은은한 내음과 아득하게 여린 꽃빛이 그대로 우러난 귀한 차였다. 우리 집에도 다시 귀한 매실이 익어가는 중이다.

겨울 단상

12월의 첫날이다. 한 조각의 시간이 위태롭게 걸려있다. 마치 여명餘命처럼 보인다. 산자락도 하루가 다르게 비워져 가더니 산등성이가 휑하다. 나뭇잎이 땅으로 모두 내려앉은 숲은 적막한 수도원의 뜨락처럼 고즈넉해 보인다. 며칠 전 겨울을 알리는 첫눈이 종일 내렸다. 그 이후로 세상의 모든 소리가 눈 속으로 사라진 것 같다. 마른 뼈처럼 앙상하던 산허리가 잿빛 수묵화로 덮였다. 어디에선가 보았던 그림을 닮았다. 나는 그림 속으로 천천히 들어간다.

가을걷이를 마친 산등성에 순한 농부가 그 밭에 나왔다. 붉은 흙이 낡은 신발과 옷자락을 더럽혔지만 그는 아랑곳하지 않았다. 산새 소리에 취했는지 흙냄새에 취했는지 내가 산을 다 돌고 오도록 농부는 여전히 그곳에 머물고 있다.

겨울로 들어서며 비어가는 것은 산자락만은 아니다. 계절의 길목에서 가까운 자리의 두 어른께서 이 땅을 떠나가셨다. 모두 아흔수를 넘긴 분들이다. 그분들은 우리나라의 격동기를 몸으로, 삶으로 지나오셨다. 처절하리만치 어려운 시간 속에서 자신은 철저히 희생되면서도 후손들을 이 땅에 반듯하게 세워놓으신 분들이다. 누군가는 말했다. 노인 한 사람이 이 땅을 떠나는 것은 도서관 하나가 사라지는 것과 같다고 했다. 우리는 걸어가 보지 않았던 지난한 길을 오래도록 인내하며 가르침을 실천하신 거목들이 역사 밖으로 사라진 것이다.

그중 한 분은 교육계에서 평생을 헌신하셨다. 은퇴 이후에도 여전히 등불처럼 따스한 빛을 내시며 사셨다. 부인을 오래전 먼저 떠나보내시고 암 선고를 받기 전까지 홀로 지내시면서 강원도에서 서울까지 나들이도 하셨다. 투병기간 동안에도 자신에게 시선을 두지 않고 언제나 다른 사람들에게 눈을 돌리고 배려하는 모습을 보였다. 유머를 잊지 않았고 끝까지 사람들과 소통을 하셨다. 일생을 후학을 위해 헌신하신 그분은 이제 죽음보다 죽음 저 너머에 있는 것들을 더욱 소망하셨는지 모른다. 인생에서 삶에 대한 책임을 다하고 생의 끝자락에서도 인간으로서 그 존엄성을 잃지 않은 모습을 보여주셨다.

어느 날 사랑하는 손자와 밤을 보내며 "안녕히 주무세요."라는 인사에 "그래, 너도 잘 자거라. 나는 이제 영원한 잠을 자야겠다."라고 밤 인사를 하셨다. 그러나 다음 날 아침이 되어 여전히 눈을 뜨게 되자 "또 틀렸네…."라고 가벼운 탄식을 하셨다. 어르신은 지난여름 생生과 사死를 오가는 순간들을 여러 번 보냈는데 중환자실의 고독한 공간 속에서 오랫동안 홀로 계셔야 했다. 다행히 병세가 호전이 되자 "아! 이번에도 또 틀렸네."라며 진정 이 땅을 떠나지 못함에 대해 탄식을 하셨다.

마지막 숨을 거두시던 날 아침의 일이다.

"자! 이제 곧 이 일이 떨어질 터이니 당신은 다른 일을 찾아보는 것이 좋겠소."라고 간병인을 향하여 초연하게 말씀하셨다고 한다.

죽음도 인생이라는 삶의 한 선상에 있다는 것을 아는 자유로움으로부터 오는 담담함이 아닐 수 없다. 단순히 생명의 남은 조각을 부여잡기 위한 어떠한 의료행위조차도 스스로 거부하고 인간다운 죽음을 의연하게 받아들인 분이다.

≪모리와 함께한 화요일≫이라는 책을 통해서 우리는 죽음을 앞둔 모리 교수를 만난다. 루게릭병으로 죽어가면서 그가 제자와 화요일마다 만나며 인생을 마무리하는 과정을 적은 글이다. 모리가 생의 끝자락에서 마지막 인사를 하는 시간에 제자는 질문했다.

"만약 선생님에게 단 하루의 시간이 더 주어진다면 가장 하고 싶은 일 세 가지가 무엇입니까?"

그 대답은 아주 단순한 것들이었다.

첫째는 아침에 일어나 뜨겁게 내린 차와 갓 구워낸 빵을 맛있게 먹는 것이고,

둘째로 밖으로 걸어 나가서 나무와 새들의 모습을 보며 햇살을 느끼는 것이고,

셋째는 주변 사람들을 끝까지 사랑하는 것이다.

죽음 앞에서 인간들이 갖고 싶은 간절한 열망들은 어떤 것일까.

사람마다 차이는 있겠지만 모리와 같이 의외로 아주 지극히 평범한 것들이 얼마나 소중한 은총이었던가를 알고 그 순간들을 겸허하게 누리고 싶을 것이다. 날마다 당연하게 누리던 모든 것에 대한 애틋한 연민이 있을 것이다. 매일의 아침을 감사하지 못하고 허망한 욕망 속에서 옆을 보지 못하고 달려가던 자신의 초라함을 보고 후회할 것 같다. 그래서 우리는 가끔은 겨울의 쓸쓸한 자리에 홀로 서 보아야 한다. 내가 벗어 놓은 신발은 먼저 간 나의 친구가 간절히 신고 싶었던 신발이라고 어느 시인이 노래한 것을 기억한다. 얼마나 주어진 생에 대한 애절함인가.

사람은 어린 아기로 태어나고 자라며 사랑하고 늙어간다. 그리고 주어진 인생을 마치고 나면 이 땅을 떠나가야만 하는 유한한 삶이다. 누구라도 예외가 없다. 어쩌면 그 모든 순간들 중에 가장 의미가 있는 시간은 인생을 마감하는 자리가 아닌가 싶다. 한 사람의 인생이 서사시처럼 아름다웠어도 모든 것은 선물처럼 허락되어진 것임을 인정할 수밖에 없을 것이다. 그리고 죽음은 육신이 흙으로 돌아가는 겸허한 순간이며, 영혼이 영원한 세계로 들어가는 일이라고 한다. 두려움 없이 그 길을 가는 것은 오직 준비된 사람만이 할 수 있는 것이다.

이제 겨울은 점점 더 깊어질 것이다. 비어있는 것들은 그대로 비워두기로 하자. 바싹 마른 가지들은 겨울의 혹독한 밤을 맞을 것이고 바람은 밤마다 그들을 휘어감을 것이다. 텅 빈 겨울의 쓸쓸함 속에서 여전히 달은 뜨고 또 질 것이다. 다가오는 생의 겨울을 고요하게 바라보는 하루이다.

4부

그 길에 마음을 담다

양화진

가을이 눈부시다. 돌계단을 천천히 오르자 청옥빛 하늘이 한결 가까워지는 듯하다. 한강나루를 등지고 서 있는 은행나무들이 샛노란 옷을 입었다. 오래된 느티나무는 허리에 세월의 두께를 덕지덕지 두른 채 양화진 뜨락 그곳에 서 있다. 드넓은 공원 한 모퉁이를 묵묵히 지키고 있는 이 나무를 나는 좋아한다.

이곳은 조선말 가난과 어두움 속에 있던 동방의 작은 나라를 찾아와 자신의 젊음을 바친 선교사들이 잠들어 있다. 그들은 자신들의 나라에서 보장된 안락함과 여유로운 삶을 포기하고 암울하던 미지의 땅을 품었다. 어떤 젊은이들은 열악한 조선으로 들어와 살다가 겨울날의 햇살처럼 짧은 생을 마치기도 했다. 그 고마운 분들이 불꽃처럼 살다가 얼마나 빠르게 이 땅을 떠났는지를 찬찬히 읽어본다. 어떤 이는 삼 년, 어떤 이는 십 년, 어떤 이는 생애 전체를 바쳤다. 그리고 그들의 아이들은 점 하나 찍은 듯 이 땅에서 산화되었다. 돌비碑에 새겨진 것은 그 고결한 흔적이다.

이 언덕에 서면 언제나 빚진 마음이 된다. 마음이 순하게 되는 것은 비단 나 혼자만은 아닌 듯하다. 많은 사람이 공원을 찾아오고 숙연한 마음으로 이곳에 머문다. 그리고 새벽공기처럼 정갈해진 모습으로 떠나간다. 일 년에 이곳을 찾는 사람들이 십만 명이 넘는다.

양화진은 버들꽃나루라는 뜻을 갖고 있다. 풍광이 아주 아름다워서 그 옛날 양반들은 나룻배를 띄우고 풍류를 즐기던 곳이고 많은 정자亭子들이 있었다. 마포구는 문화재청 주관으로 역사문화유산을 탐방하고 체험하는 '양화진 근대사 뱃길탐방'을 시작했다. 뱃길 탐방은 병인박해 때 천주교인들이 참수형을 당했던 절두산 순교성지를 만나고 잠두봉 선착장에서 유람선을 타고서 선유도, 밤섬까지

둘러본다. 다른 하나는 독립운동을 도와준 호머 헐버트 박사 등 외국인 인사들을 포함하여 500여 명이 묻혀있는 이 양화진 묘원에 다다르는 길이다.

한강을 이어가는 물줄기는 말없이 흐르고 있다. 그러나 이곳은 한때 한양도성과 연결되는 지리적 요충지로서 끝없는 외세의 공격을 받으며 치열했던 시간을 새겨놓은 역사의 현장이다. 영조 30년(1754)에 양화진陣으로 군사 방어체를 세운 매우 중요한 관문이다.

구한말 조선과 서구 세력의 충돌을 맞으며 외세의 문명을 거부하던 고요한 아침의 나라가 격동기를 맞았다. 한 세대도 못되는 동안 병인양요를 비롯해 세 차례의 변란과 난세를 겪으며 이곳은 거의 흉터가 되었다. 갑신정변에 실패한 개화파의 거두巨頭 김옥균이 조선 왕실에 의해 비참하게 처형을 당한 곳도 이곳이다.

최초로 이곳 양화진에 묻힌 사람은 미국인 의사 헤론이다. 그때 그의 나이는 불과 34세였다. 장래가 촉망되던 그가 조선 땅에 들어온 지 5년 되던 해였다. 열악한 환경 속에서 전염병 환자들을 헌신적으로 돌보다가 그만 이질에 걸려서 아깝게 순직을 하였다. 언더우드는 가장 선각자가 되는 분으로 가족 7대가 양화진에 묻혔다.

조선을 찾은 선교사들은 배재학당, 이화학당, 숭실대학, 연희전문학교 등을 세웠다. 그리고 수많은 인재를 키우며 우리나라의 독립을 이끌었고 병원을 세우고 보건의료를 향상시켰다. 오늘의 대한민국을 세우는 밑거름이 된 것이다.

양화진 묘역에는 남아공, 미국, 일본, 영국, 스웨덴, 캐나다, 호주에서 들어와서 젊음을 조선에 바친 146명의 선교사들과 가족이 잠들어있다. 알렌, 아펜젤러, 헐버트를 비롯하여 억압 속에 있던 조선의 여성을 깨웠던 스크랜턴 대부인 등 역사적인 인물들이 자리를 지키고 있다.

가을이 깊어가던 9월의 어느 저녁이었다. 양화진 뜰에서 특별한 음악회가 열렸다. 모차르트의 플루트 곡, 헨델의 작품과 라흐마니노프의 〈보칼리제〉 그리고 생상스의 〈동물의 사육제〉를 음악가들이 연주했다. 깊어가는 가을밤 양화진 공원에 앉아 수천 명의 청중은 음악이 주는 선율에 한없는 위로를 받았다.

특별히 그날은 로제타 홀의 후손들이 그녀의 탄생 150주년을 기념하여 찾아왔다. 그 강인하고 아름다운 여성은 평생토록 한국 여성을 사랑하며 겸손하게 섬겼다. 그녀는 1890년 8월 21일에 샌프

란시스코에서 조선을 향한 배에 올랐다. 사랑하는 어머니와 병든 아버지를 눈물로 하직하며 고향을 떠났고 태평양에서 25번째의 생일을 맞는다. 지금은 비행기로 하루이틀 길이면 세계 어느 곳이든 자유로이 여행을 한다. 그러나 그 당시 미국을 떠난 선교사들은 50여 일 만에 제물포에 들어왔다.

1년 뒤에 한국에 도착한 남편 홀은 이 땅에서 3년 만에 세상을 떠났고 그녀에게는 어린 두 자녀만 남았다. 그중에 막내인 에디스를 3세 되는 해 질병으로 잃게 되었지만 그럼에도 불구하고 43년을 묵묵히 의료 선교사로 살았다.

그녀를 기념하며 책이 출판되었다. 조선 땅을 품으며 쓰기 시작한 네 권의 일기와 육아일기 두 권, 빛이 바랜 두루마리 편지들이 공개되었다. 일기장에 처음 자른 아기의 금빛 머리카락이 붙어있고 아주 작은 손바닥도 그려져 있다. 그리고 아이들에게 만들어 입히던 천 조각을 조그맣게 붙여두었다. 퇴색한 성경과 노트에는 그녀의 섬세한 모성母性과 조선 땅을 얼마나 사랑했던가를 잘 표현하고 있다. 그리고 때때로 몰려오는 환경과 상황의 어려움 속에서 두려움과 고독감을 뛰어넘을 수 있도록 힘을 구하는 기도의 내용도 잘

적혀있었다.

로제타 홀은 "가장 낮은 곳에 있는 사람들을 대할 때도 가장 높은 곳의 사람에게 하듯 최선의 예의를 다해 치료하고 싶다."고 고백한다. 조선을 향한 그들의 강한 사랑은 어디로부터 온 것일까. 하나님의 사랑을 떠나서는 결코 이해할 수가 없다. 젊음과 가족을 이 땅에 바치고 조선인들을 위해 전 생애를 헌신적으로 살았던 로제타 홀의 위대한 사랑이 오늘 양화진 가을 언덕에서 다시 태어나고 있다.

"만일 내게 줄 수 있는 천 개의 생명이 있다면 나는 그것을 모두 조선을 위해 바치리라." 이 땅에서 생명을 바친 어느 선교사의 묘비명 앞에서 한없이 부끄럽다.

떼제의 종소리

그것은 계획에 없던 일이었다. 어느 겨울 가족들과 연말을 보내는 중이었다. 최초로 동계올림픽이 열렸던 샤모니로 가는 길에 아들은 떼제 공동체를 보자고 했다. 목적지와는 방향이 다르고 계획에도 없었지만 아버지의 오래된 버킷리스트를 이루어 드리기 위해 아들은 기꺼이 차를 돌렸다.

시골길은 아주 한적하였다. 드문드문 낡은 집들이 나타나기도 하고 때로 추수가 끝난 허허로운 겨울 벌판을 지키는 말들과 양과 소의 무리를 만나기도 했다. 세 시간을 달려 도착한 마을은 중세로 들어가는 길처럼 고색창연하였다. 낡은 돌담 위로 짙은 안개가 내려오는 언덕 마을은 사람이 살고 있지 않은 듯 적요했다. 우리는 고요하고 오래된 길을 따라 천천히 언덕을 오르기 시작했다.

갑자기 어디선가 종들이 울리기 시작했다. 5개의 종들은 언덕 아래 높은 종탑 위에서 정적 깊은 마을을 깨웠다. 참으로 오랜만에 들어보는 종소리다. 크기가 서로 다른 종들은 영혼을 흔들고 또 어우르며 청아하고 웅장한 울림을 이어갔다. 장엄하고 아름다웠다. 언덕마루에 있는 '화해의 교회'에서 한낮의 기도 시간을 알리는 소리였다. 어디에서부터인지 젊은이들은 하나, 둘, 때로는 여럿이 마당을 가로질러 언덕 위로 가고 있었다. 우리도 그곳으로 따라갔다.

철골을 전혀 사용하지 않았다는 건물에는 붉은 깃발로 장식을 한 강당이 보였다. 안으로 들어서자 그레고리안 찬트를 연상케 하는 잔잔한 운율이 흘러나왔다. 흰옷을 입은 수사들은 마룻바닥에서 조용한 기도를 드리고 있었다. 많은 젊은이들이 그곳으로 들어와 고요히 침묵 속으로 들어간다. 숨소리조차 조심스러웠다.

그곳은 거룩한 하나님의 임재를 만나는 곳이었다. 혼탁하던 나의 영혼도 경건하고 거룩한 분위기에 압도되어 버렸다. 여름이 되면 이곳은 세계 여러 나라에서 몰려오는 사람들로 넘쳐난다. 화려하고 세련된 프랑스의 일부라고는 전혀 생각할 수 없는 단조롭고 소박하고 적막한 이곳을 찾아오는 대부분의 사람은 의외로 가장 활기찬 젊은이들이다.

이곳 공동체를 처음 시작한 사람은 스위스의 로제였다. 그는 1915년 스위스의 작은 마을에서 개혁교회 목사인 아버지와 프랑스 어머니 사이에서 태어났다. 그는 1차 세계대전과 러시아혁명 이후 허무주의와 패배주의가 가득 찬 사회 분위기에서 자랐다. 폐결핵으로 요양하던 어느 날 강력한 하나님의 소명을 받고 깨어진 유럽의 평화와 화해를 위한 공동체를 꿈꾸며 집을 떠나 프랑스로 갔다. 그때의 나이가 25세였다.

사람들과 함께 살아갈 시작할 집을 찾던 그는 고도古都 클루니에 도착했고 근처에 빈집이 하나 나왔다는 말을 듣게 된다. 자전거를 빌려 타고 마을을 돌아보다가 폐허처럼 버려진 어느 집에 들어가 한 할머니에게 먹을 것을 구했는데 그 할머니는 음식을 주고 잠자리도 제공했다.

다음 날 길을 떠나려고 하자 할머니는 "젊은이, 여기에 머물게.

우리는 너무 가난하고 외롭다네." 하고 말하였는데 그날 로제는 그 말을 하나님의 음성으로 받아들였다. 그는 젊은 시절에 인류의 분열을 보았고 사람들이 서로 정죄하고 갈등을 갖는 것에 깊은 회의懷疑를 가졌다. 그리고 어떤 경우가 있더라도 모든 사람의 모든 것을 이해하겠다고 결심하고 그 일을 실천하는데 자신의 삶을 내던지기로 결심했다. 그때가 1940년이다. 그는 자신에게 찾아오는 사람은 누구라도 모두를 받아들였고 그가 누구인지 결코 묻지 않았다. 전쟁 기간에는 독일군에게 쫓기는 유대인들을 도왔고 전쟁이 끝난 다음에는 전쟁 피해자들에게 쫓기는 독일인들을 도왔다.

그렇게 시작한 떼제는 1949년 일곱 명의 형제가 헌신하며 본격적인 공동체가 이루어졌다. 이곳의 생활은 성찰과 나눔의 시간, 세 번의 공동기도, 그리고 생활에 필요한 노동을 하는 것으로 되어있다. 그중에서 가장 중요한 시간은 하루 세 번 드리는 예배이다. 일을 하다가도 기도 시간이 되면 사람들은 일손을 내려놓고 교회로 모였다. 그곳에서 찬양과 말씀 읽기, 그리고 세계에 있는 교회들과 고통받는 사람들을 위한 많은 기도를 올린다. 남아공화국의 만델라를 위해서도 이곳은 오래도록 함께 기도했다. 그가 마침내 27년의 수

감 생활을 끝내고 석방되는 순간 떼제의 언덕 위에서는 오늘처럼 힘찬 종소리가 울려 퍼졌다.

그들은 가난함을 선택했다. 떼제는 사람들로부터 어떤 형태의 기부도 받지 않는다. 오직 순례자들이 잠시 머물며 내는 작은 실비와 수사들의 노동으로 모든 생활을 유지하고 있다. 그리고 그곳을 방문하는 모든 순례자가 함께 먹는다. 만약 어떤 사람이 공동체의 가족이 되어 오래도록 살아가기를 원한다면 자신의 모든 재산을 처분하고 빈손으로 들어가야 한다. 그러다 보니 자발적인 가난을 선택하게 된다. 무엇이 그들로 쉽지 않은 삶으로 이끌고 가는 것일까. 그들은 그리스도의 부활을 믿고 고통 받는 자들과 함께하시는 그리스도의 마음 가운데 동참하는 삶을 선택한 사람들이다. 세계 곳곳에서 셀 수도 없는 젊은이들이 이곳을 사랑하고 머물기를 원한다. 지금 이 시대에도….

사람들은 때로는 몇 날, 때로는 몇 달, 어느 때는 일 년을 머물기도 한다. 그들은 이곳에서 또 하나의 인류평화와 일치를 위한 누룩이 되어 떠난다. 로제 수사는 교파와 선입견으로 사람을 대하지 않았으며 어떤 사람에게 그 어떤 강제성도 보이지 않았다. 로제 한 사람으로 시작된 공동체가 지금은 전 세계의 25개국에서 70여 명의 수도사들이 형제로 공동생활하고 있다. 그리고 지구 저편 어려운 곳으로 수사들을 보내어 세상을 섬긴다.

떼제는 침묵의 시간을 소중하게 생각한다. 하나님은 고요한 마음을 가진 사람에게 자신을 나타내시며 말씀하기 때문이다. 이곳에서 젊은이들은 자신이 누구인지 무엇을 위해 살아야 하는지, 어떻게 살아가야 하는지를 고민하며 단 한 번의 삶을 절대자 앞에 앉는다.

우리는 여러 나라에서 방문한 청년들과 음식을 나누었다. 빵 한 개, 과일 하나, 우유와 치즈 한 쪽, 그리고 차 한 잔이다. 소박한 식탁을 나누며 너무도 자유롭고 해맑은 젊은이들이 그곳에서 마음껏 웃고 있었다.

어떤 이들과 더불어 살아간다는 일은 쉽지 않았을 것이다. 자신을 가장 작은 자로 여기고 철저히 사람들을 사랑하고 끝까지 섬겼던 한 사람의 희생이 프랑스의 작은 외딴 마을 떼제를 인류 역사 가운데 그리스도의 정신으로 절대적인 섬김의 공동체를 이루었다.

마을 앞에 있는 낡은 성당을 돌아본다. 오백 년 세월의 풍상을 돌담에 담은 채 위인들의 묘비가 아름다운 엽서처럼 보인다. 그중 가장 작고 가장 허름한 작은 묘비가 있다. 로제 수사의 것이다.

세한도歲寒圖

서귀포시 대정읍 추사로 44번지.

추사의 유배지를 찾아갔다. 아직 겨울의 끝자락 2월은 맵싸한 바람에 코끝이 얼얼하도록 시리다. 주인도 없는 빈 뜨락을 지키던 철 이른 매화가 아련하게 피어나 오는 이를 곱게 맞았다.

가시울타리의 시퍼런 으름장에도 아랑곳하지 않고 피어난 수선화가 담장 아래에서 청초한 자태를 보였다. 추사는 생전에 적막한 형별의 땅에서 피어나는 초가집 울타리의 작은 수선화를 바라보고 적지 않게 마음의 위안을 얻었으리라. 위대한 문필가 김정희가 위리안치圍籬安置의 긴 세월을 이 초가에서 보냈다.

이곳은 1786년, 당시 55세 나이로 억울한 누명을 쓰고 제주도로 유배되었던 조선 최고의 문필가가 살았던 유배지다. 천해의 고도孤島에서 자신이 쌓아올린 모든 아성牙城이 철저히 무너지고 깨어지는 시간을 보낸 곳이다. 탱자나무 가시울타리를 벗어날 수 없는 형극의 시간 속에서 그가 자신을 지켜내는 것은 오직 붓을 드는 일이었다. 한 칸 방에 망부석처럼 앉아 8년 반의 짧지 않은 날들을 절망과 좌절의 감정들을 먹을 갈아 다스리며 글을 썼다. 추사는 이 절절한 고독의 시간을 지나고 나서야 추사체를 완성시키고 누구도 흔들지 못할 획을 그었다. 그가 평생 글을 쓰는 동안 돌벼루 열 개의 바닥이 다 드러나고, 붓자루 천 개가 뭉그러졌다고 한다. 하물며 종이는 또 얼마나 닳아 없어졌을까.

완당 김정희는 충청남도 예산군 신암면에서 출생했다. 본관은 경주이고, 영조의 부마 월성위 김한신의 증손이며, 판서 김노경의 아들로 태어나 백부 김노영에게 입양되었다. 그는 어려서부터 남달리 총명하고 기백이 뛰어났다. 천재적인 학문의 모습과 필체로 북학파의 일인자인 박제가의 제자가 된다. 그는 스승을 통하여 당대의 석학 옹방강과 완원을 만나게 되었으며 그들에게서 한나라와 송나라 때 비첩을 기준으로 하는 고증학의 세계와 실사구시론을 배운다. 78세인 청나라 제일의 석학은 젊은 김정희를 "경술문장 해동제일經術文章海東第一"이라고 칭찬을 아끼지 않았다.

그는 1819년 24세의 나이로 문과에 급제하여 규장각 대제, 호서 안찰사(충청도 암행어사)를 거쳐 병조판서의 명예를 얻었다. 그리고 진흥왕의 북한산 순수비를 발견하고 수많은 책을 쓰던 뛰어난 인물이었다. 그러한 그에게도 시련이 찾아왔고 당파싸움과 오해로 말미암아 삶에 위기가 찾아온 것이다. 인생이라는 것은 종종 거침없는 파도처럼 시련이 다가오기도 하는데 그는 가장 힘들고 어려운 시간에 예술혼을 불태워 불멸의 작품들을 건져내었다.

순금은 풀무를 통과하면서 불순물이 걸러지고, 다이아몬드는 날카로운 칼로 몸이 깎여나가는 아픔을 지난 후에야 비로소 보석의 영롱한 광채를 낸다. 예술은 작가의 고뇌와 극렬한 풀무불의 연단을 통과하고서 변하지 않는 가치를 만들어 내는가 보다.

그의 글과 그림은 소박하리만큼 담담하다. 필체는 서투른 듯 고아하며 예서를 쓰듯 필묵의 아름다움을 표현한다. 그 고담한 표현의 극치가 세한도에서 절정을 이룬다. 세한도는 철저히 절제된 여백의 미학을 담아내었다.

세한도는 흑백의 수묵화이다. 텅 빈 종이 위에 덩그러니 서 있는 초라한 집 한 채, 그 주위에 세월의 풍상을 선 채로 맞고 선 거칠고 메마른 듯 그러나 힘겹게 버티고 있는 소나무 두 그루와 작은 잣나무가 전부다. 소나무는 죄인의 몸으로 유배된 추사 자신의 모습이며 잣나무는 초라한 처지에 있는 죄인의 곁을 안타까이 바라보고 지키고 있는 제자 이상적李尙迪의 모습이다. 세상의 명성과 지위와 권력을 모두 잃어버렸음에도 사제 간의 의리를 저버리지 않고 두 번씩이나 북경에서 귀한 책을 구해 보내주며 마음을 담고 찾아주는 제자에게 그려준 그림이다.

"날이 차가워진 뒤에야 소나무 잣나무의 푸름을 안다."

세한도歲寒圖는 추사의 인생에서 가장 춥고 외로운 삶의 자리에서 발견한 인간관계의 진정성을 얻은 감사의 예술적 표현이다. 논어의 한 구절을 인용해 제자의 변치 않는 인품을 소나무와 잣나무에 비유한 것이다. 그림의 깊고 독특한 아름다움을 소중히 여긴 제자는 중국의 문인들에게 이 그림을 보여주었고 특출한 문인들의 발문跋文이

세한도의 빛을 더하게 한다.

옛말에 '대감집의 개가 죽으면 문상객이 줄을 이어도 정작 대감이 죽으면 대문이 쓸쓸하다.'는 말이 있다. 자신의 이익을 위해서 인간관계를 맺고 순수성이 점점 사라져 가는 세태를 꼬집는 말이다. 위대한 스승의 시련을 안타까워하며 권력과 부富를 잃고 영어囹圄의 몸으로 유배되었지만 변함없는 존경과 신뢰를 버리지 않은 인간관계의 향기가 담담함으로 담겨있다.

세한도가 말없이 후대에 전하는 의미가 더욱 절절한 시대이다.

뮤지컬, 날개 달다

12월 마지막 날이다. 9살 손녀딸이 한해가 지나는 길목에 특별한 무엇을 발표하겠다고 선포를 했다. 그리고는 한 주일 동안 아주 진지하게 준비를 했다. 오늘이 바로 그날이다. 어제저녁부터 자신의 방 앞에 커다란 포스터가 붙었다. 연필로 자유롭게 그린 뮤지컬 포스터였다.

- 뮤지컬 사랑의 꽃
- 날 짜: 12월 31일 밤 10시

- 장소: 진아 방
- 주인공: 스투피

입장권은 하루 전날 성황리에 예매되었다. 관객은 할아버지, 할머니, 아빠, 엄마 모두 네 명이다. 티켓은 간단한 간식을 포함하여 7유로부터 10유로짜리가 있었다. 아이의 방문 앞에 붙어있는 연필로 그린 포스터가 이번 뮤지컬에 대한 기대감을 불러일으킨다. 무대 장치와 예행연습까지 한다며 꼬마 연출가는 종일 분주했다.

주인공 스투피는 엄마의 손때가 묻어있는 곰 인형이다. 며느리가 어릴 적 친정아버지로부터 특별한 선물을 받은 손때 묻은 장난감이다. 곰 인형 스투피는 올해 나이가 18살이라고 한다.

드디어 막이 올랐다. 어린 숙녀는 원피스로 성장盛裝을 하고 인사말을 시작하였다. "공연 시간은 1시간이며 특별 게스트의 출연도 있고 간식도 준비되었으니 맛있게 드시기 바란다."고 한다. 특별히 다락방에서 기념품 판매가 있는데 꼭 이용해주시기를 부탁한다는 내용이다. 조명을 담당한 아빠가 아래층에서부터 급히 들고 온 스탠드를 켰다.

방안이 환하게 밝아졌다. 무대에서 주인공은 하늘색 털모자를 눌러쓰고 파란 스웨터로 단장한 채 작은 의자에 깊숙이 앉아있다. 인사를 마친 아이가 살포시 무릎을 꿇고 스투피를 조심스레 움직인다. 어린 연출가는 자신의 목소리로 녹음을 해둔 카메라를 켰다. 그 안에서 미리 준비해둔 영상을 통해 음악이 흘러나왔다. 소리에 맞추어 주인공 스투피는 노래를 시작했다.

사랑의 꽃, 사랑의 꽃, 당신들의 마음 지켜주네
당신들이 사랑하면 사랑의 꽃 싱싱해져
사랑의 꽃, 사랑의 꽃, 당신들의 마음 지켜주네
사랑의 꽃, 사랑의 꽃, 당신들의 마음 지켜주네
당신들이 이혼하면 사랑의 꽃 시드네~
사랑의 꽃, 사랑의 꽃, 당신들의 마음 지켜주네

노래는 때로는 마치 샹송 가수처럼 구성지게, 때로는 낭창하게, 때로는 혀 짧은 아이처럼 귀엽게, 때로는 다른 인형과 함께 어린이 합창이 되기도 하면서 여러 차례 반복되었다. 스투피의 특별한 공연이 끝나자 네 명의 관객들은 모두 뜨겁게 환호를 했다.

2부에서는 특별 손님이 소개되었다.

"이분으로 말하자면 공연을 위해 한국에서 암스테르담으로 오신 우리 할아버지이십니다."

단정하게 양복을 차려입은 남편은 자신이 가장 좋아하는 곡을 마치 독창회라도 하듯 정성을 다해 열창을 했다.

"내 영혼아, 소리 높여서 주 하나님을 즐겁게 찬양…."

한 시간으로 예정된 공연은 어린 감독이 아무리 고무줄처럼 늘려 보지만 예정보다 일찍 끝이 날 것 같다. 그러자 꼬마 아가씨는 즉석에서 인형극 놀이를 연출하며 모든 인형들과 함께 또다시 '사랑의 꽃' 주제가를 부르기 시작했다. 그리고는 나에게 살짝 눈짓을 했다. 나는 공연의 간식 담당자였다. 나는 살금살금 방을 나가 옆방에 준비해둔 야쿠르트와 작은 견과류를 들고 와 관객들에게 나누어드렸다. 이 깜찍한 뮤지컬은 매우 성황리에 끝났다.

4부는 다락방의 선물코너를 방문하는 일이다. 꼬마 연출가는 사실 이 시간을 매우 중요하게 생각해왔다. 주제가 담긴 상품을 위해 여러 날 동안 혼자서 그림을 그리고 종이접기를 하며 상품을 만들었던 것이다. 때로는 기부를 받기도 했다. 그러나 '사랑의 꽃' 이미지와 새해를 상징하는 물건 이외에는 아무리 값비싼 물품이라도 아이는 단호하게 사양을 했다. 연필과 색연필을 이용하여 만든 상품들은 입장권과 포스터를 포함하여 다음과 같다.

'사랑의 꽃' 색칠 공부 노트, '사랑의 꽃' 노래 수첩, '사랑의 꽃' 비누 2개, '사랑의 꽃' 슬리퍼(호텔에서 가져온 하얀 슬리퍼에 그림을 그린 것), '사랑의 꽃' 골프공, 몇 개의 성경 말씀 책갈피, '사랑의 꽃' 팔찌, 종이 꽃반지, 기증받은 귀고리와 꽃목걸이였다. 한 주일 동안 이 프로젝트를 준비하며 아이는 끊임없이 아이디어를 생각해 냈고 모든 것을 혼자 기획하고 준비하였다.

선물코너 앞에서 꼬마는 고객을 만났다. 아직 곱셈을 잘 몰라 열 손가락을 모두 동원하여 셈을 하며 쩔쩔매어도 끝까지 혼자서 장사를 했다. 태어나서 처음으로 기획한 뮤지컬의 수익금이 자신의 용돈이 되기 때문이었다. 때때로 흥정이 오고갔지만 에누리는 절대 없었다. 모두가 핸드메이드라 값이 좀 비싸다고 했다. 끝까지 팔리지 않은 물건은 내가 다 샀다.

이 연출자는 공연을 위해 정말 많은 애를 썼다. 모든 순서가 성공

적으로 끝났고 어린 연출자는 젖은 솜방망이처럼 되었다. 송구영신 예배를 드리고 돌아오는 길에 기진맥진하여 아빠에게 업혀 집으로 돌아올 지경이었다.

아들 가족은 몇 년 전 회사의 주재원으로 네덜란드를 향해 떠났다. 처음에는 말도 통하지 않는 곳이었지만 이제는 이곳 생활을 가족들이 즐거워하며 잘 지내는 듯하다. 마을을 천천히 걷고 있노라면 나 역시 마치 동화의 나라로 들어 온 듯 마음이 명랑하고 평화로워진다.

네덜란드는 튤립과 풍차로 아름답고 낭만적으로 알려진 나라다. 집들은 크지는 않아도 다락방과 정원을 갖고 있으며 커다란 창이 보인다. 언제 어디서나 사는 모습을 그대로 보이고 커튼을 달지 않는다. 작은 집들이 나지막하고 여유롭게 앉은 마을들, 초록빛 잔디가 마을을 덮고, 운하를 따라 백조와 오리들이 물질을 하며 노는 평화로운 나라이다.

그러나 땅이 해수면보다도 더 낮아서 잦은 홍수와 자연재해로 수많은 희생자를 내던 아픈 역사를 갖고 있다. 거칠고 척박한 자연을 다스리고 오늘의 부강하고 행복한 나라로 만들기까지엔 피나는 노력이 있었다.

무엇보다 민주적인 방법으로 서로 소통하며 미래의 주인공으로 자라도록 응원하는 그들의 교육은 아이들을 아주 행복하고 창의적으로 만들어간다. 마을의 학교 운동장을 보아도 값비싸게 보이거나 특별한 놀이기구도 없다. 잘라버린 커다란 나무를 모래밭 위에 벌러덩 뉘어둔 것이 전부였다. 그러나 자연의 놀이터에서 날마다 뛰어놀며 다양한 문화를 손으로, 눈으로, 온몸으로 체험하면서 신바람 나게 어린 시절을 보낸다.

그렇게 함께 자라난 우리 집 어린 꿈나무가 한해를 보내며 뮤지컬로 날개를 달았다.

그 길에 마음을 담다

낯선 것들은 마음을 설레게 한다. 길 떠남도 그렇다. 가끔 사람들은 익숙하지 않은 것들에 대해 동경을 품고 발을 떼어본다. 쳇바퀴처럼 이어지는 현대인의 숨 막히는 일상에서 잠시 벗어나고 싶은 하나의 날갯짓인지도 모른다.

날것들이 주는 신선함, 그 속에서 마음을 짓누르던 것들을 다 내려놓았을 때 비로소 새로운 기운이 온몸과 마음과 영혼 속에서 다시 살아난다. 자신을 향해 끊임없이 옥죄이던 것으로부터 해방되어 가난한 마음으로 자리를 비워두면, 저 영혼의 바닥에서부터 샘이 솟듯

삶에 대한 희망 온도가 올라간다. 그때쯤 되면 우리는 익숙한 것들이 주던 안정과 질서와 편안함이 그리워 다시 제자리로 돌아오는 것, 그래서 여행은 분명 치유를 받는 하나의 방법일 수도 있겠다.

앞을 향해 달려가던 시간에 낯선 터키 땅에 잠시 머물게 되었다. 그곳은 다른 생소한 언어의 세계였다. 그동안 가물에 콩 나듯 드문드문 귓가로 들어오며 알아채던 러시아어의 언어 알맹이가 아닌, 또 다른 언어의 숲이었다. 또다시 전혀 이해할 수 없는 혼미한 언어의 바다에 던져지는 기분이다. 그러나 이제는 말을 알아들을 수 없다는 것도 그다지 불안할 것이 없다는 배짱 같은 생각이 든다. 1년 반이라는 시간 동안 생소한 이방 땅에서 좌충우돌 살아보니 아예 무지함과 무감각이 맷집이 되어버린 것 같다.

게다가 이미 젊음조차 훌쩍 지났다. 그러니 어떻게 해서든지 짧은 시간 동안 좀 더 많은 것을 보아야 한다는 욕심도 버렸다. 가이드의 안내를 따라다니며 빡빡한 일정을 소화해낼 정열과 에너지가 이제는 바닥이 난 것 같다. 그러니 걸을 수 있는 지금 그저 이 놀라운 역사의 흔적을 가진 도시를 천천히 느릿느릿 돌아보기로 했다.

인터넷으로 예약한 숙소를 찾느라 낮 시간에 마을의 꼭대기까지 오르내리며 낯선 거리를 헤매었지만 밤이 주는 매력에 끌려 쉶은이들처럼 중심가로 무작정 나섰다. 이스탄불의 탁심거리는 여느 도시처럼 젊음들과 함께 크리스마스의 분위기로 한껏 들떠있었다.

수천 년의 이야기를 켜켜이 담고 있는 터키는 역사의 소용돌이를 지나며 여러 문명이 충돌하였던 곳이다. 동로마제국의 영광과 비잔틴제국이 지나가고 거대한 오스만제국이 자리를 한 나라이다. 그리고 고대문명의 흔적이 아직도 고스란히 그대로 잠들어 있는 땅, 그 터 위에 다시 현대적인 문명의 생성이 진행 중인 밤거리는 미로처럼 이어졌다.

생경한 밤거리를 얼마쯤 걸었을까. 이미 깊어지는 어두움 속에서 불이 꺼진 높은 탑이 눈에 들어왔다. 마을마다 세워진 모스크의 숲 속에서 높이 올려진 십자가를 만날 수 있다니 믿을 수 없었다. 인구의 대부분이 무슬림인 터키의 이스탄불에서….

철문으로 굳게 닫혀있기는 하나 어스름한 불빛에도 꽤나 오랜 역사를 지닌 흔적이 비춰졌다. 그곳은 터키 사람들도 사랑한다는 성 안토니네 성당이었다. 놀랍고 반가운 마음에 발을 멈추고 한참 들여다보고 있었다.

그때 "맞아요. 이곳은 바로 교회입니다."라고 영어로 말하는 한 이방인의 목소리가 들렸다. 돌아다보니 그는 장사壯士처럼 기골이 장대하였으며 짙고 깊은 눈을 갖고 있었는데 눈썹과 수염이 정말 짙었다. 가던 길을 멈추고 한참을 들여다보던 우리를 처음부터 유심히 바라보고 있었던 것 같다.

몇 마디 짧은 인사를 나누며 나는 한국인이라고 하자 그는 마치 소년처럼 반가워했다. 마침 그날 그는 한국전쟁 당시 폐허가 된 땅에서 부모를 잃고 울고 있던 한 어린 한국 소녀를 터키 군인들이 찾아내고 극진히 사랑으로 돌보았는데, 그 후 훌륭하게 성장을 했다는 감동적인 다큐멘터리를 보았다고 한다. 그날 저녁 이렇게 한국인을 만나다니 너무도 인상적이고 감동적이라고 기뻐하였다.

좀 더 이야기를 하고 싶다고 하자 아직 저녁을 먹지 않은 우리를 위해 근처의 카페로 안내를 하고 저녁까지 사 주었다. 그는 아르메니아 혈통의 터키인으로 크리스천이었다. 그 청년의 중요한 다음 약속으로 인해 우리는 불과 30분 정도 짧은 시간을 나눈 후 셀카 촬영을 하고 헤어졌다. 여행지에서 이쯤이면 처음 만난 사람에게 대한 친절한 배려는 일단 마감을 할 것 같다.

밤새 비바람이 불더니 다음 날 하늘은 먹구름이 낮게 깔렸다. 부슬부슬 비도 내렸지만 이스탄불에서 하루의 일정이 더 남아있어 여유로운 마음으로 강변을 따라 걸었다. 사람들은 비를 아랑곳하지 않고 낚시를 하느라 갈라타다리는 빼곡한 낚시 행렬로 줄을 이었다. 그들은 아주 조그만 생선들과 작은 고등어들을 잡고 있었는데 시간이 가는 줄도 모르는 듯했다. 그곳을 지나다니면 다리 위에서 언제나 볼 수 있는 독특한 진풍경이다.

괜스레 어젯밤 빚을 졌다는 마음이 들었다. 낯선 땅에서 생면부지의 젊은이로부터 저녁을 얻어먹었으니 점심이라도 사고 싶어서 그에게 전화를 했다. 그 청년 므글리치는 전화를 받자마자 다시 기쁘게 우리를 찾아 나왔다. 다이아몬드를 세공하여 액세서리의 마지막 세팅을 하는 기술이 그의 직업이었다. 작은 보석상을 운영하는 그는 우리를 다시 만나러 나오며 얼굴이 환하게 빛나고 있었다.

이번에는 우리가 제대로 된 케밥을 사겠다고 하자 그는 흔쾌히 앞장을 섰다. 자신이 알고 있는 좋은 집이 있다며 거리를 걸었다. 제법 멀었다. 그곳은 터키의 현지인들이 즐겨 이용하는 케밥 전문 레스토랑이었다. 그의 한국 친구도 불러 함께 만났는데 또다시 극

진한 대접을 하며 식사비를 기어코 자신이 또 지불하였다. 그리고도 잠깐 다녀가는 여행자로서는 결코 찾아낼 수 없는 분위기 있는 커피숍으로 인도했다. 그는 내 나라에 온 손님을 기쁨으로 대접을 하고 싶다고 끝까지 완강하게 우겼다. 결국 그의 할머니께 드릴 초콜릿과 커피를 우리가 사는 것으로 다소 마음의 짐을 덜 수 있었다.

단 한 사람의 지인知人도 없이 찾아간 낯선 도시에서 맞은 이 기이한 만남은 너무도 특별했다. 말도 제대로 통하지 않는 가운데 그날 우리는 오래도록 많은 이야기를 나누었다. 언제가 될지 모를 긴 다음 약속을 하면서 주저함 없이 터키 인사로 서로 포옹을 하고 두 번 뺨을 마주 대었다. 짙은 턱수염은 생각보다는 보드라웠다. 그는 다시 올 때 꼭 다시 연락을 하라고 거듭 말했다.

그의 이름을 부르기 위해서는 여러 번 발음을 교정해야만 했다. 참 낯선 이름이었다. 므글리치. 영어 이름은 존(요한)이었다. 므글리치는 아르메니아식 이름으로 세례요한(baptist)이라는 뜻을 포함한다고 했다. 아주 오래전부터 아르메니아는 기독교 국가라고 한다. 그래서 그의 조상들은 물론이며 함께 터키에서 살아가는 그의 가족들도 그리스도인이었다. 그러나 터키의 기독교인은 전체 인구

중에서 0.1%도 채 되지 않는다.

그는 35세 미혼의 젊은이였다. 18년 전부터 교회에 다녔지만 그저 형식적일 뿐이었다고 한다. 그러나 어느 특별한 시간에 주님을 마음속에 받아들이고 보니 자신이 얼마나 추악한 죄에 젖어 찌들은 삶을 살고 있었는가를 알게 되었다고 한다. 자신은 세상에서 쾌락을 추구하며 살아가지만 정작 왜 살아야 하는지를 모르고 조금도 행복하지가 않았다고 했다. 그러나 이제는 자신의 삶이 소중할 뿐 아니라 할 수만 있다면 예수의 제자인 사도바울처럼 삶을 더 가치 있게 살고 싶다고 했다.

한국을 사랑하고, 한국인을 사랑하고, 한국의 그리스도인들을 사랑하는 순수함을 갖고 있는 터키의 진정한 그리스도인이었다. 한 해의 끝자락 길 위에서의 이 만남은 오래도록 나에게 여운을 남기고 있다.

탤리, 머물다

요란한 풀벌레 소리에 눈을 뜬다. 커튼을 젖히고 낡은 나무 창문을 올린다. 밤새 잠을 자던 바다가 한 폭의 그림처럼 잔잔하다. 이제 막 동이 터오르는 아침 바다와 하늘이 붉은 비단으로 휘장을 펼쳐놓은 듯 붉게 물이 들었다. 하루가 열리는 이 순간은 하이든의 천지창조처럼 장엄하다. 탤리의 아침은 고요한 바다를 안고 오래된 집들과 초원이 어울려 더없이 평화롭다.

이어서 일제히 새들의 향연이 시작된다. 그들의 맑고 소란스럽기까지 한 울림은 유칼립투스 고목古木 위에서 또 한 편의 오케스트리가 된다. 작은 새들은 저마다 다른 옷을 입고 다른 얼굴과 목소리로 노래한다. 이렇게 시작되는 아침을 나는 한없이 사랑한다. 나에게 주어진 짧은 안식이기에 더욱 그렇다.

마음이 따뜻하고 부지런한 이곳 사람들의 목소리가 높은음자리로 들리기 시작하고 정겨운 그들이 언덕 위의 작은 채플룸으로 하나 둘 얼굴을 보인다. 이곳에서 찬양과 기도와 말씀으로 하루를 열며 서로를 축복한다. 새로울 것도 없는 소박하고 단순한 일상을 그들은 유쾌하게 맞으며 각자의 일터로 돌아간다.

오랫동안 앞만 보고 달려온 삶이지만 특별히 내보일 것도 별반 없이 생의 후반기를 지나는 중이다. 잠시 이 시점에서 생각해보면 가족도 아닌 이웃과 함께 더불어 살아간다는 것을 나는 잘 이해할 수 없었다. 진정으로 자기를 비우고 서로 나누며 함께 일하고 웃고 기뻐하며 행복할 수 있는 것인지 알 수 없었다. 탤리에 잠시 머물며 나는 비로소 쉬어감의 의미와 함께 살아간다는 것이 가능하다는 것을 점점 배우고 있다.

이곳은 호주의 시드니에서 북쪽으로 네 시간 정도 떨어져 있는 바닷가 한적한 마을이다. 저녁 어스름이 내려앉으면 드넓은 잔디에 왈라비들이 어린 새끼를 거닐고 여유롭게 나온다. 그리고 여러 나라 사람을 만난다. 볼리비아, 태국, 타이완, 파푸아뉴기니, 때로는 독일, 일본에서도 이곳을 찾는다. 한국에서도 몇몇 사람들이 와서 욕심 없이 살고 있다. 훌륭한 선생님들의 영어 수업을 받으며 또 여러 나라의 문화도 이해할 수 있는 참 독특한 공동체이다.

평생을 대학에서 후진을 길러내던 남편이 은퇴를 했다. 그리고 영어에 대한 새로운 도전을 받게 되었다. 남은 삶을 우리를 필요로 하는 곳이 있다면 조금이라도 힘을 나누며 살고자 하는 마음을 갖게 되면서 호주의 탤리까지 오게 되었다. 일생동안 모국어로만 살던 우리가 나이를 초월하여 여기까지 왔다. 인생이란 여행과 같아서 때로 길 위에서 가보지 않은 길을 걷게 된다.

남의 나라 언어를 머리와 혀가 굳을 대로 굳은 우리가 짧은 동안 과연 얼마나 학습할지는 불을 보듯 뻔하다. 그러나 부끄러움과 두려움을 무릅쓰고 젊은 학생들과 하나가 되어 석 달을 살게 된 것이다.

이곳은 오랜 역사를 갖고 있다. 1826년에 농업회사 본부가 이 탤리에 세워지면서 영국의 죄수들이 들어와서 개척을 하게 되었다. 지금도 한때 힘을 상징하던 녹슨 대포가 탤리하우스 언덕을 지킨다. 그 후 1949년 한 신실한 부부에 의해 거칠고 무질서한 마을에 작은 교회를 세우고 신학교를 시작했는데 그것이 발전하여 지금의 드넓고 아름다운 마을 공동체를 이루게 되었다.

탤리는 세계의 공통 언어가 된 영어를 교육시킬 뿐 아니라 무엇보다 우리에게 주어진 자연을 보호하고 지키는 정신을 중요하게 이어가고 있다. 이곳 사람들은 꾸밈없이 아주 소박한 모습을 하고 있으며 꿀벌처럼 부지런하였고 언제나 땀을 흘리며 하는 모든 일을 즐겼다.

주방장 폴은 70세가 넘은 노장이다. 그는 자원봉사자이지만 카리스마가 넘치는 전문가로서 거대한 주방을 총괄한다. 그의 얼굴빛은 나이를 믿을 수 없도록 아름답고 유머 또한 풍부해서 언제나 사람들을 행복하게 했다.

한 부부는 낡은 건물을 돌보고 집을 지어 주는 자원봉사자였다. 그들은 힘든 일을 하면서도 매일처럼 동네가 흔들릴 정도로 유쾌하게 웃었다. 그 웃음소리로 인해 마을 안에서 결코 자신들의 존재를

숨길 수가 없었다. 평생을 무료봉사로 힘든 노동을 하면서 어떻게 그토록 쾌활한 기쁨으로 사람들에게 강력한 웃음 바이러스를 전염시킬 수 있는지 모르겠다. 그 마을은 10여 가정이 스태프로 지내며 공동체를 이룬다.

드넓은 탤리는 바다를 전경으로 아름다운 잔디가 펼쳐있다. 가끔 우리의 일 중에서 잔디를 깎는 일도 있었다. 그 일은 결코 낭만적인 것은 아니었다. 이 안에서 사람들은 모두가 보수를 받지 않는 자원봉사의 삶을 살아간다. 그런데 사람들은 누구도 크게 가진 것이 없음에도 불구하고 자신의 삶을 즐기며 자족自足하며 무엇보다 자주 웃었다.

총책임자 존은 언제나 겸손함과 부드러움이 넘쳤다. 그는 허름한 티셔츠와 낡은 청바지에 밀짚모자를 눌러 쓴 채 종종 작은 텃밭을 가꾸기를 즐겼다. 학생들은 멀리서도 그를 보면 소리치며 인사를 했다. 그분은 온화한 미소로 학생들과 사람들을 언제나 따뜻하게 대했다.

태풍이 며칠 동안 그곳을 강타한 적이 있다. 매우 어려운 상황이었고 모든 사람들이 파손된 숙소와 수영장의 복구활동을 하였다.

그런데 사람들이 모두 떠난 뒤에도, 이른 새벽에도 그분은 홀로 나와 말없이 보수작업을 하며 다른 사람들보다도 더 오랜 시간 작업을 하였다. 그는 항상 지극히 자연스럽고 마음으로부터 우러나오는 미소를 지었으며 친밀했다. 깊은 겸손과 온화함으로 공동체를 세워나가는 그를 사람들은 마음으로부터 존경했다.

이곳이 늘 고요한 것만은 아니다. 아름다운 자연환경과 오래된 역사로 인해 많은 방문객이 오며 종종 캠프가 열리기도 한다. 그중에도 특히 호주에서 유명한 힐송처치의 청소년들이 들어왔던 여름을 나는 결코 잊지 못할 것 같다. 1,500명이나 되는 청소년들이 한 주일 동안 그곳에서 캠프를 가졌다. 그들은 모두 달랐다. 피부색은 물론이고 옷차림과 머리 모양과 입고 있는 옷의 스타일도 형형색색으로 자유로웠다. 그리고 큰 소리로 많이 웃었고, 노래하며 수영을 했고 활기가 넘쳤다. 드넓은 잔디는 색색의 크고 작은 텐트로 가득했다. 아이들은 아주 열정적으로 예배했고 그들의 모습을 바라본다는 것만으로도 행복하였다.

여름 한낮의 온도는 섭씨 40도를 넘었다. 그 무더운 날씨에 찾아온 청소년들을 편안하도록 돌보는 일은 결코 쉽지 않았다. 매일 화장실과 샤워장의 시설을 살펴보고 청소를 도와주며, 천오백 명의 학생들이 먹는 음식물의 쓰레기 관리와 한 주일 동안 머무는 숙소를 돌아보아야 했다. 마지막 날에는 밤새도록 비바람이 탤리를 덮쳤다. 풍족한 아이들이라 그런지 그들은 옷가지와 비에 젖은 텐트들을 많이 버려두고 떠났다. 덕분에 탤리는 몸살을 앓았다.

다른 이를 섬긴다는 것은 반드시 땀의 수고와 안락함을 버려야 하는 고단함이 따른다. 마치 촛불을 밝히기 위해서 촛농이 녹아내리는 것과 같다. 짧은 시간 이곳에 머물며 대가代價를 바라지 않는 섬김으로 사랑을 베푸는 사람들의 놀라운 삶을 보았다.

어느 날 탤리에서 내가 돌보던 어린 나무를 보았다. 강렬한 태양 아래서 땀을 흘리며 비료를 주고 가꾸던 나무들이 너무도 사랑스럽게 느껴져서 자꾸만 눈이 갔다.

마치 "너의 장미꽃이 그토록 소중한 것은 그 꽃을 위하여 네가 공들인 그 시간 때문이야."라고 말하던 어린 왕자의 한 대사가 공감이 갔다.

작은 섬김을 해보며 까맣게 잊었던 것들을 기억한다. 내가 누린 수많은 은혜의 시간에는 말없이 나를 품어준 사람들의 수고와 사랑이 있었다는 것을….

탤리의 마지막 밤을 바라본다. 까만 밤하늘에 강이 되어 흐르는 별들이 있었다.

나의 특별한 시간도 함께 흐르고 있다.

흙의 노래

들길을 걸었다. 코끝으로 들어오는 흙냄새가 달콤하다. 아스팔트와 시멘트로 이어진 도시의 틀 속에서 벗어나 흙길을 걷다 보면 풀 한 포기도 새롭게 보인다. 오랜만에 모처럼 갖는 마음의 여유 때문인지 모르지만 나의 몸속으로 들어오는 흙냄새는 어느새 나를 어루만지고 있다.

요즘은 어디에서나 주말농장이 유행이다. 흙을 밟지 못하는 땅에서 쳇바퀴처럼 살아가는 현대인들이 갖는 자그마한 휴식처이고 놀이터이며 인생을 배워가는 또 하나의 소중한 텃밭이다. 내가 오랜 타향생활 끝에 돌아온 서울의 끝자락 마을에도 집터를 따라 고만고만한 놀이터처럼 주말농장이 있어서 바라만 보아도 좋다.

가만히 보면 다 같이 보이는 밭이라도 주인의 성품과 성실함에 따라 그 모양새가 다르다. 부지런한 사람의 땅은 쌀가루처럼 보드랍고 그 땅의 작물들은 사랑을 듬뿍 받아 춤을 추듯 실하다. 그러나 어설픈 농부의 밭은 흙도 거칠고 채소들도 사랑받지 못한 아이처럼 가련하다. 게으른 나로서는 다른 사람들이 부지런히 가꾸어놓은 탐스러운 텃밭을 보며 그저 대리만족할 뿐이다.

흙은 정직하다. 무엇을 땅에 심든지 약속처럼 정확하게 결실을 내어준다. 벼를 심으면 여린 싹을 내고 가을볕까지는 반드시 무르익은 벼이삭을 달아낸다. 콩을 심으면 그가 죽고 새싹을 올리다가 깍지를 매달아 방을 만들고 콩알들을 키운다. 새알 같은 감자를 심으면 땅속에서는 주먹처럼 실한 감자들이 주렁주렁 달려서 농부에게 함박웃음을 안겨준다. 마늘을 심으면 어두운 땅속에서도 새하얀 주머니 속에 알싸한 자식들을 꽁꽁 싸서 알뜰살뜰 보살핀다. 열무를 심으면 열무가 자라고 배추를 심으면 속살이 하얀 배추가 자란다. 사람이 무엇을 심든지 땅은 정직하고 성실하게 싹을 틔우고 풍성한 잎을 내고, 꽃을 피우고 열매를 맺는다. 농부들은 흙의 정직함을 알고 있다. 그래서 사람들은 부지런히 땅을 일구고 감자를 심고 토마토를 키우고 옥수수를 심는다.

흙은 농부들에게 희망이고 꿈이다. 흙은 먹거리와 꽃과 나무를 키워내는 성실하고 신비로운 생명체이다. 조그마한 씨앗을 어두운 땅속에 믿음과 함께 묻었을 뿐인데 대지는 이슬과 비로 땅을 적시고 수태의 시간을 갖는다. 그러면 작은 떡잎은 머리에 흙을 인 채로 어느 날 세상을 향해 작은 얼굴을 내어 밀고 나오는 것이다.

도대체 어두운 땅속에서 무슨 일이 일어나는 것일까. 땅 위에 있는 우리는 그 생명이 만들어내는 비밀의 깊이를 헤아릴 수가 없다. 때로 우리는 오랜 무덤 속에서 천년이나 잊어졌던 씨앗을 꺼내 심었더니 싹이 텄다는 이야기를 듣기도 한다. 씨앗 속에 깃들어 있는 생명력과 땅의 산실產室에서 사람이 만들지 않은 그 무엇이 되어 자라는 것이다.

흙은 사랑이다. 흙은 자기의 몸으로 새롭게 하는 열정적인 힘이 있다. 때로는 보기 흉한 것들과 더러운 것들도 보듬고 그 허물을 덮고 인내하는 미덕이 있다. 결코 어그러진 것이나 추한 것을 거부하거나 분리시키거나 배척하지 않는다. 거칠고 어두운 것들을 잉태하고 자라게 하는 사랑의 장소이다.

그렇게 낮과 밤을, 비바람과 태양빛과 함께 오래도록 품고 나면 그 위로 생명이 돋고 새들이 깃들고 들짐승들과 사람들이 쉴만한 초록의 생명 터로 바뀌어간다. 그곳에서 아이들이 뛰놀고 집이 세워지고 마을이 된 사례들은 우리들 가까이에서 얼마든지 찾을 수 있는 것이다. 흙은 어머니들의 DNA처럼 희생과, 끝없이 베풀고 기다리며 기뻐하는, 무조건적인 사랑을 쏙 빼어 닮았다. 아니 어머니들이 흙을 그대로 닮은 것인지 모른다.

흙은 창조의 재료이다. 작가의 손끝에서 흙은 변한다. 끝없이 변화한다. 때로는 작은 용기로 때로는 커다란 항아리로, 때로는 조각품이 되어 예술의 높은 경지를 나타내기도 한다. 토기장이의 손에서 다기가 되기도 하고 접시가 되기도 하며 꽃을 담는 화기가 되기도 한다. 때로는 생명을 지키는 등불이 되기도 한다. 중앙아시아의 실크로드를 따라가는 길목에는 흙으로 만든 아주 견고하고 소박하고 아름다운 오래된 유물들을 만날 수 있다. 수천 년 동안 대상들의 밤길을 지키고 안내하는 등대지기의 역할도 하고 오래된 성지가 되어 소중한 유적지로 빛을 발한다.

흙 속에 영혼을 담는다. 한때 도자기를 만드는 수업을 받은 적이 있다. 초보인 내가 만든 작품과 스승님이 만든 작품은 하늘과 땅의 차이가 있었다. 흙은 누구의 손안에 있는가에 따라 다르다. 장인匠人은 하나의 작품이 완성되기까지 피를 말리는 작업을 쉬지 않는다. 그리고 1,000도가 되는 가마에서 오래도록 구워낸다. 그 과정은 혼을 다하여 영혼을 담아내는 고통의 시간이다. 진정한 작품이 만들어질 때까지 인내하며 수없이 정성을 쏟고 마음을 담아낸다. 영국의 국립박물관 안에도 그렇게 빚어진 달항아리가 한국을 대표하여 완벽한 단아함과 우아함을 보여주고 있었다.

하나님께서는 흙으로 사람을 빚으시고 그 안에 생기를 불어넣으셨다고 말한다. 그 일은 가장 놀라운 일이 아닐 수 없다. 사람이 사람됨은 귀중한 하나님의 영성을 부여받았기 때문이다.

우리는 흙과 함께 살아가고 있지만 그 귀중함은 거의 잊고 산다. 유별나거나 자신을 드러내거나 요란함도 없이 늘상 친밀하고 편안한 자연이기 때문인지 모르겠다. 그러나 흙은 언제나 사람들과 함께 있었고 어디에도 있으며, 생명의 터이다. 그러고 보니 고맙다는 감사의 말 한번 변변히 한 적이 없다.

소금집을 짓다

담담하다. 석양을 듬뿍 안은 신안 앞바다가 한없이 평온한 빛을 품는다. 사람의 그림자가 없는 마을이 아주 고요하다. 천사의 섬으로 알려져 간간이 관광객들이 들어오지만 도무지 흥을 낼만 한 곳도 없다.

그러나 이곳은 생명이 깃드는 땅이다. 별 쓸모없을 듯 보여도 쩍쩍 갈라지는 땡볕 아래에 함초가 꽃을 피운다. 여위어도 꽃은 꽃이다. 무기질 가득한 보물이다. 한낮의 갯벌에서 짱뚱어의 숨바꼭질이 한참이다. 슬그머니 갯벌로 다가서며 헛기침을 해본다. 놀란 녀석들이 빠르게 몸을 감춘다.

증도는 오래된 그림이다. 6 · 25때 피난민들의 일터로 염전은 활발해졌다. 염전에서 만든 소금은 창고에서 하얗게 산이 되었다. 이제는 오랜 세월로 검게 변한 소금창고들이 줄을 섰다. 그 모습이 사진작가의 손에서 영원한 피사체로 남는다. 마치 서서히 마을을 지나고 있는 기관차를 닮았다. 나는 잠잠히 서 있는 물체를 세어본다. 하나, 둘, 셋, 넷… 이십, 삼십… 그러다 세는 것을 포기하였다. 그 검은 동체들이 예순일곱이라는 이야기를 나중에 들었다. 세어보기를 멈춘 것은 잘한 일이다.

염전에서는 소금이 익어간다. 바람과 태양과 별들의 땀방울로 빚어내는 하얀 꽃이다. 눈이 부시도록 아름다운 알갱이들이 꽃이 되었다. 수백만 평의 소금밭이 성스럽다. 낯선 이방인은 감히 다가설 수 없는 신성한 곳이다.

류시화 시인은 소금을 이렇게 노래한다.

소금이
바다의 상처라는 걸

아는 사람은 많지 않다
소금이
바다의 아픔이란 걸
아는 사람은 많지 않다
세상의 모든 식탁 위에서
흰 눈처럼 소금이 떨어져 내릴 때
그것이 바다의 눈물이라는 걸
아는 사람은 많지 않다
그 눈물이 있어
이 세상 모든 것이
맛을 낸다는 것을

증도에는 소금 닮은 여성이 있다. 문준경. 그녀는 1891년 2월 2일 신안군 임태면 수곡2리의 문진사댁 셋째 손녀로 태어난다. 어려서부터 남달리 총명하여 많은 귀여움을 받았다. 17세 어린 나이에 어른들이 정해준 사람과 결혼을 한다. 남편은 육지에서 직장생활을 하며 두 집 살림을 하였고 그녀는 사랑받지 못했다. 20여 년을 남편 없는 시집살이를 하였다. 그 후 시어른들이 모두 돌아가시자 홀로 목포로 나왔다. 그곳에서 처음으로 복음을 들었다.

세상에서는 버림을 받은 천덕꾸러기였지만 자신을 향한 하나님의 사랑을 알고 난 후에 그의 삶이 달라졌다. 새로운 인생을 살아갈 희망이 생겼던 것이다. 그 사랑을 세상 사람들에게 전하고 싶은 열정에 신학을 공부하고 전도사가 된다. 방학이 되면 서울에서 고향 신안으로 돌아와 지내며 사랑을 실천하니 사람들이 존경하며 따랐다. 그분의 깊은 헌신으로 열 개의 교회가 세워졌고 한국 교계에 뛰어난 제자를 많이 길러냈다. 가난한 이들을 찾아다녔고 낙도의 여인들에게는 산파요 어머니가 되었다. 외로운 노인들에게는 자식이 되어드리며 소망이 없는 섬 아이들을 꿈꾸게 하였다.

그러나 안타깝게 6 · 25가 발발한 그해 10월 5일, 그녀는 63세의 나이에 삶을 마감한다. 마을에 남아있던 공산당들에 의해 신안의 바닷가에서 잔혹한 죽음을 맞는다. 그날 밤 신안 앞바다는 그 모든 것을 보았을 것이다. 그의 죽음을 안타깝게 여기는 한국 교계가 문준경 순교기념관을 세웠다. 지금도 그 정신은 신안을 세속에 물들지 않은 땅으로 만들어낸다.

소금은 맛을 내어야 한다. 그리고 서로 어울리고 녹아지고 무엇보다 부패되지 않도록 만든다. 또한 생명체들에게 생기를 일으켜주고 생명을 유지시킨다. 모두가 소중한 미네랄 성분 때문이다. 그 귀중한 역할들은 단단하고 청명한 눈꽃 같은 알맹이가 녹고 닳아서 사라져야만 또 하나의 생명으로 태어난다. 자신의 형태가 다 사라지는 자기 부인否認의 과정이다.

소금은 정결하다. 불순물이 없어야 좋은 소금이다. 신안 천일염이 그렇다. 신안의 증도에서 또 하나 소금의 집을 보았다. 하나, 둘, 셋, 넷, 다섯, 여섯….

제일 마지막 예순여덟, 가장 순수하고 정결한 문준경 순교기념관이다.

고흐를 만나다

그를 찾아 나섰다. 아들이 살고 있는 마을에서 트램을 타고 암스테르담 시내로 나갔다. 고흐미술관은 거리의 중심에 위치하고 있었다. 현대적이고 아름다운 4층 건물 앞에 '빈센트 반 고흐'라는 이름이 금빛으로 영롱하게 아로새겨져 있다. 네덜란드에는 렘브란트 하우스, 암스테르담 시립미술관, 안네 프랑크 하우스 등 미술관과 박물관들이 시내에 자리를 하고 있다.

아직 이른 아침 시간인데 이미 관광객들이 줄을 지어 차례를 기다리고 있었다. 나도 입장권을 사기 위해 긴 시간을 기다리며 생각해본다. 생전에 고흐는 먼 훗날 이처럼 많은 사람들이 자신의 그림을 보기 위해 오리라는 것을 한 번이라도 상상을 해보았을까.

건물 안에도 건물 밖과 다름없이 고흐를 사랑하는 사람들로 넘쳐났다. 그는 짧은 생을 살면서 수많은 작품을 그렸다. 900여 점의 그림과 1,100여 점의 드로잉과 스케치를 남겼다. 그러나 그의 작품들은 정작 그가 살아있는 동안에는 거의 빛을 보지 못했다. 화가로서 인정과 사랑을 받지 못하여 경제적인 어려움은 물론이고 사람들과의 갈등은 끊임없이 그를 힘들게 했다. 자신의 삶을 극단적인 방법으로 안타까운 종말을 선택하였던 천재 화가의 손끝에서 태어난 작품들은 방마다 빼곡하게 진열되어 있다. 사람들로부터 외면당하던 그의 작품들은 그가 세상을 떠난 지 230여 년이 지나고 오늘날 전 세계 사람들이 가장 만나고 싶은 그림이 되었다.

그는 그림을 위해 태어난 사람이었다. 생전의 그의 삶은 굴곡진 고갯길처럼 힘들고 끝이 보이지 않는 듯 고달프고 어려웠다. 세상에 있는 모든 것들을 사랑했지만 그는 사람들과 마음을 나누고 함께 살아가는 것이 어려웠다. 그리고 생의 말기에 심한 정신질환으로 정신병원의 입원과 퇴원을 반복하는 지경에 이르렀다. 그의 마음을 이해하고 마지막까지 진정한 후원자가 되었으며 멘토가 되었던 사람은 동생이었다. 동생 테오는 끝까지 고흐를 이해하며 형의 재능을 무조건적으로 지지하며 힘이 되어주었다.

고흐가 유일하게 행복했던 순간은 그림을 그리는 시간이었는지 모른다. 그의 손끝과 붓을 통해 색채는 고흐라는 한 예술가의 혼을 담고 살아나왔다. 무한한 예술의 세계로 몰입을 하는 시간은 유일한 구도의 길이었는지도 모른다.

고흐는 가난하고 소외된 사람들을 사랑했다. 당시의 대표작으로 〈감자 먹는 사람들〉은 질박한 농촌의 가난한 이들의 소박한 식탁을 표현하고 있다. 그림은 그 분위기와 색채가 어둡고 침울하다. 그들의 거친 손과 가난한 호흡이 그대로 느껴진다. 초기의 그림들이 대부분 그러한 분위기다. 사람들은 그토록 어둡고 우울한 느낌의 그림을 대가를 지불하며 자기의 것으로 갖기를 원하지 않았다. 그에게는 변화가 필요하였다.

1886년부터 2년 동안 파리에 머물며 그는 새로운 미술세계를 만난다. 1888년 봄 프랑스의 남부 아를에 머물며 불꽃이 타들어가는 듯 역동적이고 강렬한 모습의 그림을 그리기 시작한다. 〈해바라기〉, 〈아를의 침실〉, 〈의사 가셰의 초상〉 등이 그 시절 그림이다. 그 시절은 행복하고 평화롭게 보인다. 1888년 가을, 아를에서 새로운 예술촌을 꿈꾸며 고갱과 함께 생활을 시작한다. 그러나 두 사람 사이에 깊은 갈등이 생겼고 감정을 조절하지 못한 고흐는 12월에 자신의 왼쪽 귀를 칼로 자르는 사건을 일으킨다. 놀란 가족들은 그를 정신병원에 입원시키는데 그 후에 심한 발작과 입원을 반복한다.

그는 병원 생활 중에도 많은 그림을 그렸다. 쉼이 없는 제작으로 지치고 난 후 파리 근교 오베르에 있는 의사 가셰에게 찾아간 것은 1890년 5월이었다. 한때 건강이 회복되고 발작의 불안에서 벗어나는 것처럼 보이기도 했다. 파리 근교에 머물며 안정을 찾아가는 듯 했지만 그해 7월 자신의 삶을 비극적 방법으로 끝내고 만다.

어쩌면 그의 내면은 누구보다 여리고 섬세한 성품이었는지 모른다. 주변의 인물과 사물을 그려낸 것을 보면 그의 따스한 감성을 이해할 것 같다. 그는 많은 자화상을 그렸다. 모델에게 사례를 할 돈이 없었기 때문이다. 그는 자신을 현미경처럼 투시하며 내면의 복잡한 심리를 정확하게 그려내곤 했다. 시간이 흐르며 서서히 무너져 가는 자신의 모습을 정직하게 보았고, 귀를 잘라버리고 붕대를 감은 수척하고 기이한 남자를 무섭도록 응시하고 있다. 자신의 내면을 집중하고 있다. 그 그림을 바라보며 그는 과연 무엇을 느끼고 무엇을 얻었을까.

〈까마귀가 날아오르는 밀밭〉은 그의 마지막 작품이다. 인적 없는 깊은 가을 밀밭의 적막한 끝자락에서 불안한 듯 날아오르는 까마귀의 무리들은 한없이 쓸쓸하고 불길한 모습으로 그의 영혼을 흔들고 있는 것 같다.

나는 〈빈센트의 방〉과, 〈별이 빛나는 밤〉, 그리고 〈밤의 카페〉 앞에서 발을 멈추고 아주 오래도록 바라보았다. 낡고 소박한 아무것도 없는 그의 방, 그리고 아를의 별이 쏟아지던 신비롭고 아름다운 밤 풍경은 그가 살아서 바라보던 영원하도록 아름다운 세상이었다.

그가 위대한 이름을 얻은 것은 1903년의 유작전遺作展 이후다. 그가 세상을 떠나고 난지 오십 년이 지난 뒤에야 사람들이 비로소 그의 탁월성을 조금씩 알아간 것이다. 오늘날 사람들은 고흐라는 이름 앞에 절대적 찬사를 보내고 있다. 그러나 그 당시 세상 사람들은 아무도 그의 진정한 천재성을 인정하려고 하지 않았다. 만약 사람들이 그를 조금이라도 이해할 수 있었더라면 우리들은 보다 더 많은 그의 위대한 그림을 오래도록 만났을 것이다.

고흐의 삶의 깊이 앞에 서 본다. 자신이 선택한 길을 결코 후회하지 않고 열정을 쏟아 혼불을 태운 위대한 천재의 영혼을 본다. 너무 쉽게 포기하고 너무 안일하게 열매를 얻고 싶어 하는 속물 같은 우리의 값싼 욕망이 초라하고 부끄럽다.

어둠이 내려앉는 낯선 거리의 카페에 앉아 커피의 깊은 향에 취해본다. 홀로 느릿한 여유로움으로 걷고 있는 사람, 때로 서로를 애틋하게 바라보는 연인들의 모습이 아름답다. 어디선가 낮고 부드러운 음악이라도 흘러나올 것 같아 귀를 기울여본다. 오래전 마음을 울리던 돈 매클레인의 〈별이 빛나는 밤〉, 그 감미롭고도 애절한 멜로디가 마음을 흔든다.

외롭고 슬픈 운명을 지녔지만 가슴속에는 영원한 색채의 영감 속에 몰입하였던 그 사람 고흐를 다시 만나고 싶다. 아를의 태양빛을 닮아 불이 타는 듯 강렬한 해바라기와 수없이 많은 별이 쏟아져 내리던 밤하늘을 무척이나 사랑하던 저 슬픈 영혼의 그 사람이 어느 길목에서 천천히 걸어올 것만 같다.

초애원

부산의 못골에 야생화에 마음을 빼앗긴 한 사람이 살고 있다. 노래를 좋아하고 어린아이들의 눈빛을 사랑하며 시를 노래하는 남자다. 그 집 대문에는 '초애원'이라는 나무 현판이 붙어있다. 그 문은 특별한 때를 제외하고 늘 열려있다. 주택가의 끝자락이지만 마을 사람들은 마치 자기 집인 양 들락거리며 꽃들을 만난다. 주인장이 행여 외출을 하는 날이면 앞집에 사는 할머니께서 목이 마른 뜰에 흠뻑 물을 먹인다.

봄이 되어 우리 산천에 꽃소식이 들려오면 예식을 치르듯 그곳을 찾는다. 지난 해에도 천여 종류가 넘는 이름도 생소한 야생화들을 눈이 아프도록 구경했다. 주인장은 그가 빠진 꽃 사랑과 세상 이야기를 맛깔스레 풀어주고 집으로 돌아가는 손마다 꽃들을 안겨주니 그 또한 기쁨이다. 올해도 꽃샘추위가 지나가고 있으니, 초애원은 기지개를 켜고 일어난 봄꽃의 무리가 온 동네에 활기를 넣어주는 축제로 만들 것이다.

초애원은 해가 지면서 연극무대처럼 변한다. 아련한 가로등이 하나 켜지면 순식간에 정원은 시크릿가든이 되어 더욱 싱그러운 초록과 꽃향기를 뿜어낸다. 하얀 파라솔 안에 마주 앉아 한 잔의 이슬차를 마시며 뜰을 바라보노라면 그곳은 낮과는 사뭇 다른 세계가 펼쳐진다. 사람 좋아하는 초애원지기의 테너 웃음소리와 이야기에 취하다가 늦은 밤 마법에서 풀려나듯 정원을 나오게 되는 것이다.

이미 많은 문인과 주민들에게 입소문이 나더니 급기야 TV 방송까지 출연하는 마을의 명소가 되었다. 그 후로는 봄철의 방문객이 해마다 늘어가고 있다. 이제는 유명세를 단단히 치르고 개인 생활을 유지하기에 어려울 지경이 되었지만, 아랑곳하지 않고 기꺼이 대문을 열어젖히고 있다. 그곳을 다녀간 어느 시인이 주인장을 노래하였다.

백등꽃이 사월의 담장 밖으로
주르륵 꽃 타래를 흘러내리고
은방울 소리 낭랑히 들리는
그 남자의 꽃 대궐을 열고 들어서면
까만 오죽 댓잎 아치 아래
사랑하던 식솔들 다 떠나보내고
혼자 꽃 보며 사는 재미로
쉬는 날엔 밖을 모른다는 꽃 주인은
늘 행복한 표정이다
(중략)
홀아비 꽃대 같은 그 남자
향기로운 들꽃나라 초애원에서
산수국 달콤한 이슬차 한 모금에
들꽃들 이웃에 나눠 주며
천여 명 꽃궁녀들 사랑하느라
오늘도 입이 귀에 걸려 임금님처럼 산단다.

— 조선영의 〈홀아비꽃대 그 남자〉 일부

몇 년 전 부산장로성가단원들과 함께 여러 날 남아프리카공화국 연주 여행을 하였다. 케이프타운의 테이블마운틴 동쪽에 1913년에 세운 커스텐보쉬 국립식물원을 방문하던 때의 일이다. 그곳은 세계 7대 식물원 중의 하나인데, 지중해성 기후의 꽃나무들의 색채와 모양새가 독특하고 화려하여 매우 아름다웠다. 감탄사를 연발하던 우리에게 그분은 즉석에서 특강을 하였다. 그는 언제나 어디서나 꽃 박사다.

초애원 뜰 한가운데 앙증스러운 새 둥지가 자리를 틀고 있었다. 사람들이 잘 보이는 곳에 손을 뻗으면, 바로 잡히는 현관 앞에 보란 듯이 당당히 집을 짓고 새끼를 낳아 기르고 있다. 주인장의 마음을 얼마나 잘 알고 있기에 새가슴이라 하는 이 조그만 녀석들이 손이 닿는 그곳에 살며 태평한 것일까. 속 깊은 사랑쯤은 훤히 꿰뚫고 있는 맹랑함이 놀라웠다.

그분은 아마도 온 세상을 야생화로 가득 채우기를 바라는 것 같다. 그의 이웃들도 덩달아 자기들의 마당에 야생화밭을 만들고 앞다투어가며 대문을 열기 시작했다. 좁은 마을이 서서히 꽃동네가 되어가는 것이다.

봄소식이 들려오는 이 봄에 이국의 땅에서 다시 초애원이 그립다. 인생이란 그렇게 외로운 것도, 힘든 것도 아닌 살 만한 것이라고 말하며 함께 웃고 싶다. 소박한 살림살이에 민얼굴로 마주 앉아도 마냥 편안한 그곳에서 깊어가는 저녁 뜨락을 보고 싶다.

신종례 수필집

봄에게 말을 걸다

인쇄 2019년 10월 10일
발행 2019년 10월 15일

지은이 신종례
발행인 서정환
펴낸곳 수필과비평사
주소 서울시 종로구 삼일대로 32길 36(익선동 30-6 운현신화타워) 305호
전화 (02) 3675-3885, (063) 275-4000 · 0484
팩스 (063) 274-3131
이메일 sina321@hanmail.net essay321@hanmail.net
출판등록 제300-2013-133호
인쇄 · 제본 신아출판사

ISBN 979-11-5933-244-9 03810

값 13,000원

이 도서의 국립중앙도서관 출판예정도서목록(CIP)은 서지정보유통지원시스템 홈페이지(http://seoji.nl.go.kr)와 국가자료공동목록시스템(http://www.nl.go.kr/kolisnet)에서 이용하실 수 있습니다.(CIP제어번호: CIP2019040929)

Printed in KOREA